꿈을 향한 무한질주!

열정과 의지로, 시련과 고난에 맞서는 당신!
당신의 꿈을 응원합니다!

_____ 님께

_____ 드림

꿈으로의 질주, 빅뱅 13,140일의 도전

세상에
너를 소리쳐!

꿈으로의 질주, 빅뱅 13,140일의 도전

세상에 너를 소리쳐!

2009년 1월 28일 초판 1쇄 | 2016년 5월 3일 169쇄 발행
지은이 · 빅뱅(BigBang) | 정리 · 김세아

펴낸이 · 김상현, 최세현
책임편집 · 최세현 | 본문 디자인 · 김애숙

마케팅 · 권금숙, 김명래, 양봉호, 최의범, 임인옥, 조히라
경영지원 · 김현우, 강신우 | 해외기획 · 우정민
펴낸곳 · (주)쌤앤파커스 | 출판신고 · 2006년 9월 25일 제406-2012-000063호
주소 · 경기도 파주시 회동길 174 파주출판도시
전화 · 031-960-4800 | 팩스 · 031-960-4806 | 이메일 · info@smpk.kr

ⓒ YG엔터테인먼트(빅뱅)(저작권자와 맺은 특약에 따라 검인을 생략합니다)
ISBN 978-89-92647-60-1(03810)

- 이 책은 저작권법에 따라 보호받는 저작물이므로 무단전재와 무단복제를 금지하며, 이 책 내용의 전부 또는 일부를 이용하려면 반드시 저작권자와 (주)쌤앤파커스의 서면동의를 받아야 합니다.
- 이 책의 국립중앙도서관 출판시도서목록은 서지정보유통지원시스템 홈페이지(http://seoji.nl.go.kr)와 국가자료공동목록시스템(http://www.nl.go.kr/kolisnet)에서 이용하실 수 있습니다.
  (CIP제어번호 : CIP2013005523)
- 잘못된 책은 구입하신 서점에서 바꿔드립니다.   • 책값은 뒤표지에 있습니다.

> 쌤앤파커스(Sam&Parkers)는 독자 여러분의 책에 관한 아이디어와 원고 투고를 설레는 마음으로 기다리고 있습니다. 책으로 엮기를 원하는 아이디어가 있으신 분은 이메일 book@smpk.kr로 간단한 개요와 취지, 연락처 등을 보내주세요. 머뭇거리지 말고 문을 두드리세요. 길이 열립니다.

세상에 너를 소리쳐!

꿈으로의 질주,
빅뱅 13,140일의 도전

빅뱅(BigBang) 지음 | 김세아 정리

쌤앤파커스

추천의 글

빅뱅, 이들이야말로 '가슴 뛰는 삶'의 주인공

어린 친구들이 뭐 그리 대단할까 싶었다. 이제 보니 빅뱅이 매력적인 이유는, 그들 안에 달궈질 대로 달궈진 마그마 덩어리가 있기 때문인 것 같다. 생(生)에서 가장 처음으로 발견해야 할 것은 '그럴듯한 미래의 청사진이나 주위의 기대'가 아니라 '내 심장 속에서 꿈틀거리는 열망'임을 누구보다 솔직담백한 목소리로 알려준다. 빅뱅이야말로 모두가 그토록 열망해온 '가슴 뛰는 삶'의 주인공들이다. 단연코, 꿈을 시동 중인 청소년들에게 강추!

— 강헌구, 《아들아 머뭇거리기에는 인생이 너무 짧다》, 《가슴 뛰는 삶》 저자

오랜만에 만나는 신선한 청춘의 봄 냄새

이들은 아직 미완성이다. 아직은 미숙하고 어색하고 변덕스러운 현재진행형. 그러기에 누구보다 용기 있게 '꿈으로 질주하는 법'에 대해 알려줄 수 있는 것은 아닐까? 설령 그 길에서 미끄러지고 넘어지고 무릎이 까지더라도, 탈탈 털고 일어나면서 이렇게 말할 것만 같다. "재밌는데? 저쪽으로도 한번 뛰어볼까?" 오랜만에 신선한 청춘의 봄 냄새를 맡은 기분이다.

— 배인식, 그래텍(주) 대표이사

용광로처럼 뜨거운 이들의 열정, 눈부시다!

빅뱅…! 요즘 뜨는 아이돌 스타라는 것 외엔 아는 게 없었다. 하지만 지금 돌이켜보니, 빅뱅의 열정은 용광로같이 뜨겁고, 활화산같이 타오르고 있었다. 좋아하는, 또 하고 싶은 일에 미쳐야 하고 또 미칠 만한 열정을 가져야 한다는 것이 얼마나 중요한가를 잘 아는 나로서는, 모든 걸 버리고 오직 하나에 매달리는 그들의 열정이 지금의 빅뱅을 만들었다고 생각한다. 뜨거운 젊음만큼 눈부신 것이 어디 또 있으랴!

— **설도윤**, 설앤컴퍼니 대표

무한한 열정과 꿈틀거리는 도전의식으로 빅뱅하라!

2006년 봄, 양 대표가 만나자고 했다. 신인 발굴 프로젝트가 있는데 그 과정을 프로그램으로 만들고 싶다며 총연출을 부탁했다. 그때, 그 프로그램의 제목이 〈리얼다큐 빅뱅〉이었는데, 지금의 '빅뱅'이 거기서 탄생됐다. 비록 미완성이었지만, 당시부터 나는 그들의 눈에서 무한한 열정, 눈부신 잠재력, 그리고 꿈틀거리는 도전의식을 보았다. 그래서 나이와 상관없이 나도 그들과 함께했던 몇 달이 즐거웠으며, 오히려 그들로부터 지나간 청춘의 꿈을 되돌려 받기까지 했다. 이 책에는 이미 최고가 되었지만 자만하지 않는 다섯 젊은이의 솔직담백한 목소리가 담겨 있다. 그들 같은 꿈을 꾸고 싶고, 그래서 스스로 '빅뱅'을 원하는 젊은이들에게 강추!

— **송창의**, tvN 대표

대한민국 젊은이들에게 주는 희망 메시지

세상을 살다 보면 아무리 철저한 준비와 노력을 들이더라도 '공든 탑'이 무너지는 경우가 종종 있다. 하지만 자신의 의지와 바람 혹은 생각대로 풀리지 않는다고 해서 낙담하거나 실망할 필요는 없다. '꿈'이 있는 좌절은 내일의 자산이 되기 때문이다. 빅뱅의 모습은 현재의 성취이자, 또 다른 희망을 동시에 보여준다. 이 책을 통해 대한민국의 많은 젊은이들이 자신의 꿈을 향해 전진, 또 전진하기를 바란다.

— **김성오**, 메가스터디 초·중등사업부 사장, 《육일약국 갑시다》 저자

보탤 것도 덜어낼 것도 없는 용기와 감동 메시지

빅뱅의 책이 나온다기에 화보집이나 신변잡기 위주의 자서전인 줄 알았다. 빅뱅 탄생을 다룬 다큐멘터리를 본 적도 없는 나로서는 '빅뱅이 무슨 이야기를?' 하고 의아해 할 수밖에 없었다. 다들 아직 어리고 '성공했다'고 자축하기엔 너무 이른 때라, 내심 걱정스러웠다. 하지만 책을 읽고 나서는 걱정을 덜었다. 보탤 것도 덜어낼 것도 없는 지금 그들의 이야기, 그것이 오히려 더 큰 용기와 감동을 주리라고는 미처 생각하지 못했다. 갈 길이 멀다고 생각하는 젊은이들, 이젠 거의 다 왔다고 생각하는 장년층에게 모두 권한다.

— **조민성**, 월트디즈니컴패니코리아(주) 상무

누구도 따라갈 수 없는 열정의 온도가 부럽다!

 '최고의 길은 모두 통한다'고 누군가 말했던가? 마라토너와 가수의 길이 다르지 않음을 이 책을 보고 느꼈다. 다른 이의 멋진 인생을 부러워하기만 하지 않고, 그저 제자리에 앉아 안되는 일을 한탄하지만 않고, 자신이 가진 탤런트를 가지고 세상을 향해 '나를 보라'고 과감히 외치는 빅뱅, 그들이 가진 열정의 온도만큼은 타의추종을 불허한다. 책을 읽는 것만으로도 현역 마라토너로 활동할 당시의 열정이 불끈 샘솟음을 느꼈다.

— **황영조**, 바르셀로나 올림픽 마라톤 금메달리스트

최고이기보다 최선을 다하는 이들이 아름답다

 빅뱅 멤버들의 어렸을 때 모습, 연습하던 모습, 그리고 마침내 빅뱅으로 탄생하는 과정을 모두 지켜본 나는 그들이 이 시대의 아이콘이 되어가는 모습을 보면서, 행복한 웃음을 지으며 박수를 쳐주고 싶다. 꿈이 있는 이 다섯 아이들이 최고가 되기 위해, 넘어지거나 실패하는 것도 두려워하지 않고 최선을 다하는 모습은 '진정 아름다운 프로의 모습'이라고 말하고 싶다. 많은 사람들은 최고가 된다는 것에 더 집중한다. 하지만 이 책은 최고가 되는 것은 결과물일 뿐이고, 진정 중요한 것은 '최선을 다하는 과정'이라고 말하고 있다.

— **션(SEAN)**, 지누션 멤버

목차

Stage 0 책머리에 붙여
스스로의 한계를 실험하는 아이들 _ 놀이본능 빅뱅 **17**

Stage 1
재능과 능력은 다르다
_ 창조본능 G-Dragon

재능을 가졌다는 것은, 그저 조금 더 가진 것뿐이다 31
음악이 좋다는 것 말고는 아무것도 없었던 녀석 **31** | 얼떨결에 맡게 된 리더의 자리 **34**
꼬마 룰라, YG 연습생으로 들어오다 **37**
실패하는 것보다, 실패가 두려워 시도하지 않는 것이 더 어리석다 **39**
빅뱅은 실력파? 아니 노력파! **41**

노력하고 즐기고, 즐기고 노력하고…, 나를 쏟아 붓는 법 44
남들보다 조금 일찍 시작해서 조금 더 잘하는 것뿐 **44**
뿌리가 다른 나무가 서로 기대어 사는 '연리지'처럼 **47**
'FRIEND', 친구란 서로 오래 의지하는 사람 **49** | 바쁜데 왜 심심한 거지? **52**

두려움 없이, 그리고 거리낌도 없이, 청춘처럼 54
나를 창조하고 표현한다는 것 **54** | 어두운 터널을 지나면, 찬란한 햇빛이 기다린다 **57**
누릴 수 없는 자유에 대하여 **59** | 아파도 괜찮아, 우린 청춘이잖아 **61**

Stage 2
정직한 노력은 어디서나 빛난다
_ 질주본능 **태양**

내게 '운명'은 마치 '우연'인 것처럼 찾아왔다 71
짜릿한 '와일드 로드'를 향해! 71 | "이 주체할 수 없는 가슴 떨림을 어떡할 거야?" 75
"형, 지누션 아역 좀 해볼래?" 78 | "사장님, 연습생 안 시켜주시면 저 어떻게 될지도 몰라요!" 82
"네가 선택했다면, 책임지는 것도 오로지 네 몫이야!" 85 | 컴컴한 터널 속에서 독기를 품고 단단해지다 88
"좌절한다고 달라지는 건 아무것도 없어" 90 | 사람은 정확히 자기가 선택한 만큼만 성장한다 93
삐딱한 시선으로는 아무것도 포착할 수 없다 97

외나무가 아니라 숲을 이뤄 함께 가라 99
하나라도 더 배우고 싶어 하는 사림이 되자! 99 | 숫기 없는 농담과 따뜻한 말 한 마디의 힘 101
내가 가진 것은 50뿐, 나머지는 주위 사람들이 채워준다 104
칭찬에는 더 긴장하고 비난은 더 기쁘게 받아라 106

나는 이글이글 타오르는 태양이고 싶다, 그래서 지금도 나를 태운다 109
무대에서는 그 누구도 속일 수 없다 109
아무리 99도까지 온도를 올려도 결국 물을 끓이는 건 마지막 1도 112
"이 무대가 마지막이어도 좋으니까…" 115 | 달리거나 멈추거나, 어쨌든 둘 다 용기가 필요하다 118

Stage 3
희망을 품는 순간, 기적은 일어난다
_ 긍정본능 **대성**

꿈을 향한 출발선에 나를 세우다 · 127
"목사님이 되겠다더니, 뭐 가수라고?" 127 | 완고하신 아버지의 고집 꺾기 대작전! 130
이제부터가 진짜 시작이다, 가수 시동! 134 | 학교도 다녀야 하고, 연습도 해야 하고, 헉헉~ 137

스마일보이 강대성, 믿음의 씨앗을 뿌리다 · 140
아직, 아파하며 주저앉기엔 너무 이르다 140 | 내 인생의 가장 큰 달란트, '긍정' 144
내게 가장 소중한 위로, '괜찮아질 거야!' 148 | 숨은 고수에게 전수 받은 필살기 150

나는 '긍정 바이러스'이고 싶다 · 154
친구는 인생의 예금통장과도 같다 154 | 미소천사 강대성, 나를 만들어준 인생의 책 157
이 세상에 무모한 도전이란 없다 159 | 믿는 만큼 이루어진다 162
삶은 언제나 나에게 희망의 노크를 한다 164

Stage 4
너만의 캐릭터로 승부하라
_ 뚝심본능 T.O.P

영혼을 울리는 힘은, 때론 고통을 통해 탄생한다 175
음유시인이 되고 싶었던 나 175 | 꿈의 희미한 그림자를 발견하다 179
어른에게는 어른의 몫, 아이에게는 아이의 몫이 있다 181
"언더그라운드에서 손꼽히는 래퍼가 되자" 183 | 춤을 추는 래퍼? 185

꿈은 더 크게 품을수록 더 아름답게 진화한다 189
누구도 갖지 않은 나만의 컬러를 만들고 싶다 189 | "T.O.P아, 곡 작업 좀 많이 해라" 191
랩 하는 T.O.P, 연기하는 T.O.P 193 | 지금 이 순간에도 나는 점점 더 잘하고 싶다 196

T.O.P, 무소의 뿔처럼 용기 있게 달려나가라! 199
아픔의 경험도 독이 아닌 약으로 사용한다면 199
가족, 나를 다독이는 가장 고마운 두 글자 202 | '빅뱅의 맏형 T.O.P'이라는 자리 204
"여덟 번 넘어져도, 다시 일어날 수 있는 다리를 가졌으니" 208

Stage 5
자신을 믿는 자가 승리한다
_ 최고본능 **승리**

작디작은 모래알 꿈이라도 움켜쥐리라 217
1퍼센트의 가능성에 기대어 217 | 발길이 닿는 모든 곳을 연습실로 220
"다섯 번째는 이유가 없습니다!" 223
두려움, 그건 아무것도 아니다 226 | "형들, 제가 한번 안무를 짜볼게요!" 229
닭도 죽기 살기로 덤비면 날 수 있다 233

승리, 그것이 곧 최고의 브랜드다 235
열등감과 자신감은 한끗 차이일 뿐 235 | '우물 안 개구리' 신세를 자각하다 239
"승리야, 나는 네가 참 좋다!" 244
나를 사랑한다면, 나에 대해 책임져라 249 | 나를 사랑하니까, 비난도 즐긴다 252

이 길이 끝나는 곳에 내가 원하는 세상이 있다 255
너 스스로를 움직일 수 있는 '꿈의 이유'를 만들어라 255 | 어려우면 뭐 어때, 창피하면 뭐 어때 258
"아빠 엄마, 제가 행복하게 해드릴게요" 260 | 목표가 나를 더 강하게 키운다 263

에필로그를 대신하여 270

스스로의 한계를
실험하는 아이들

Stage 0
놀이본능
빅뱅

책머리에 붙여
양현석 (YG엔터테인먼트 대표)

May I introduce these 'Remarkable People'?

가급적 방송 출연과 언론 노출을 자제하는 성격인지라 빅뱅(BigBang)의 이야기를 책으로 엮어 내면서 내 글이 책의 맨 앞자리에 놓이는 건 결사반대였다. 그저 내가 하는 일이란 그들이 지닌 끼와 재능을 발견하고 장점을 부추겨주는 역할로서, 그들이 가고자 하는 길 위에 놓인 덤불들이 있다면 조금 정리해주는 정도일 뿐, 내가 그들의 대변인은 아니기 때문이다.

하지만 빅뱅에 대해 아직 잘 모르시는 기성세대들을 위해, 혹은 빅뱅이라는 어린 대중가수의 책을 왜 새삼 읽어야 하는 건지 고개를 갸웃거리시는 분들을 위해, 빅뱅의 성장 과정을 가장 가까이에서 지켜본 한 사람으로서 한 수 거드는 것도 그리 나쁘지 않을 것 같다는 생각이 들었다. 그저 쇼 프로그램 서두에 빅뱅을 소개하는 사회자 정도로 생각해주시면 감사하겠다.

'서태지와 아이들' 은퇴 시기인 1996년에 설립한 YG엔터테인먼트는 그동안 지누션, 원타임, 빅마마, 세븐, 렉시, 휘성, 거미 등등 수많은 신인 가수들을 발굴해왔다. 나에겐 기획사 사장님이라는 조금은 권위적인 타이틀도 있지만, 그보다는 경험을 바탕으로 잘못된 것을 조언하고 따끔하게 충고할 수 있는 선배로서의 역할이 더 크다고 할 수 있다.

2006년, 빅뱅의 데뷔와 함께 공개된 〈리얼다큐 빅뱅〉은 이들이 얼마나 노력하고 어떻게 단련됐는지를 생생하게 보여준 독특한 기록물이다. 옆집 동생같이 생긴 평범한 외모의 아이들이 모여, 가수 데뷔라는 하나의 목적지를 향해 땀방울과 눈물을 흘리고 좌절하고 주저앉으면서 끝내 하나의 팀으로 탄생하는 과정을 그려낸 다큐멘터리를 보고, 많은 분들이 잔잔한 감동을 느낄 수 있었다고 전한다. 물론 나 역시 그랬다.

내게 있어 숱한 연습생들의 성장 과정을 지켜보는 일은, 잠자고 일어나 화장실 가고 밥 먹는 것처럼 일상적인 일이지만, 감히 고백하건대 빅뱅을 지켜보는 지금 나의 심정은 그 이전의 기억들과는 사뭇 다르다. 그들은 그저 어리다고 치부하기엔 너무나 뜨겁고, 마치 주변의 에너지를 모두 흡수하며 자라나는 괴기한 생물처럼 빠르게 진화하고 있기 때문이다.

'빅뱅'이라는 현상, 혹은 그 역할모델에 대해

그동안 빅뱅에 관해 책을 내보자는 제의를 숱하게 받았다. 하지만 활자로 찍혀 많은 사람들의 뇌리에 기록되는 그 엄중한 일을 하는 데 있어, 유명세를 등에 업고 비슷비슷한 상품을 만들어내는 일은 빅뱅답지 않다는 생각에 조심스러웠던 것이 사실이다.

빅뱅은 대중 스타이기 이전에, 신세대가 풍기는 '메시지'라고 생각한다. 누구보다 솔직한 세대이자, 꿈을 꾸기보다 자신의 몸으로 직접 뛰어들어 실천하고 경험하려는 '촉각의 세대'. 과연 그들이 독자들에게 무엇을 줄 수 있을까를 고민한 끝에 YG엔터테인먼트 내부적으로 책에 대한 구상을 서서히 시작하게 되었다. 그러던 차에 마침, 출판사 측에서 우리의 구상과 비슷한 취지의 제안을 해온 덕택에 우리가 생각하던 빅뱅의 이미지에 걸맞은 책을 세상에 내놓을 수 있게 되었다.

그들이 음악에 열정을 품기 시작한 초등학생 시절부터, 그 꿈을 지켜내기 위해 겪어온 고된 연습생 시절, 그리고 빅뱅으로 데뷔한 이후에 겪는 일련의 고민과 경험들…. 과연 이 아이들이 그리는 미래에 대한 세밀한 설계도가 무엇인지 궁금했다. 멤버들은 바쁜 일과 중에도 틈틈이 마치 비망록을 적어 내려가듯 각자의 경험과 생각을 기록했다.

세상 사람은 누구나 육체적, 정신적 또는 경제적으로 힘든 상황을 경험하고 어려움을 겪는다. 나 역시 그랬다. 내가 태어났을 때부터 부모님은 맞벌이 장사를 하셨고, 아침 여덟 시에 나가시면 밤 열 시가 다 되어야 집에 돌아오시곤 했다. 여드름쟁이 삼형제가 밥하고 설거지하고 빨래하면서 자란 나의 유년기의 경험들은 '서태지와 아이들'로 활동하면서, 내가 해야 하는 일들을 포착하고 파악하는 데 많은 도움이 됐다고 생각한다. 세상에 대처하는 일종의 요령이라고나 할까?

이 책은 '여러분, 어렵지만 힘내세요', '좌절을 딛고 성공하세요'라는 흔한 메시지가 중점은 아니다.
자신을 만족시키는 창조와 본능, 자신을 소중하고 아름답게 가꾸어가는 강인함, 요즘 신세대들이 가진 특유의 패기와 뜨거운 열정을 독자들에게 '감기처럼' 전염시켜드리고 싶은 생각이다. 뜻을 같이하는 동년배 친구들에겐 굳은 의지를, 힘들어하는 이들에겐 그들의 발걸음을 위로해주는 잔잔한 다독거림이 되었으면 한다.
비좁은 문틈 사이로 세상을 들여다보지 말고, 그 문을 박차고 뛰어들어가 '큰 소리로 자신의 이름을 소리쳐보라'는 열광의 주문이기도 하다.

인생은 고민하고 노력하는 자에게 그 베일을 열어준다

수리능력이 뛰어나서 좋은 성적으로 명문 대학에 진학하는 친구들이나 신체적인 탁월함을 바탕으로 운동 종목에서 두각을 나타내는 친구들, 내면의 예술혼에 사로잡혀 혼신의 힘을 다해 조각 작품이나 미술 작품을 창조해내는 사람들, 극한의 난관을 뚫고 오지를 정복하며 자신의 한계를 뛰어넘는 사람들…. 그들은 한결같이 이렇게 말한다.

"좋아하는 일이기에 미칠 수 있었다. 미치지[狂] 않고서는 미칠[及] 수 없다."

'직업에 귀천이 없다'는 말은 아무 직업이나 가져도 좋다는 말이 아니라, 어떤 분야든 자신이 좋아하는 일을 찾아 치열하게 경쟁하고 아름답게 불꽃을 태운다면, 모두 예술가이자 전문가가 될 수 있다는 말이라 생각한다. 그래서인지 어딘가에 깊숙이 파고들어 그 처절한 바닥을 딛고 일어선 사람들의 이야기는 그 어떤 교훈이나 설교보다 강한 위력을 가진다.

바깥세상에선 그저 앳된 소녀에 불과한 김연아가 빙판 위에만 서면 왜 그리도 아름다울까?

그녀에게는 탁월한 결과물을 담아낼 수 있는 '재능'이라는 아름다운 그릇이 있었고, 그 그릇을 더욱 강하고 견고하게 단련시키는 '노력'이 있었다고 생각한다. 만일 그녀에게 '재능'이 없었다면 도달할 수 있는 수준은 한계가 있었을 것이고, 그녀에게 '노력'이 없었다면 그곳까지 갈 힘을 만들어내지 못했을 것이다. 또한 그녀가 어릴 적 자신을 이끄는 '본능'에 소홀했다면, 그녀는 지금 빙판 위가 아니라 학원 책상 위에 엎드려 잠을 자고 있을지도 모른다.

빅뱅 역시 다르지 않다. 세간의 편견으로 삐뚤게 본다면, 옷 잘 입고 유행 따라 랩을 흥얼거리며 건들거리는(?) 양아치 연예인쯤으로 보일지도 모른다. 요즘은 녹음 장비들이 워낙 좋아져 가수가 노래를 잘 못해도 잘하는 것처럼 꾸며낼 수도 있고, 웬만큼 생긴 외모라면 유명 스타일리스트들을 동원하여 그럴싸한 외모를 만들어내는 것도 그다지 어려운 일이 아니다. 필요하다면 성형으로 더 그럴듯한 모습을 만들 수도 있겠지만, 아무리 꾸미고 속여도 감출 수 없는 것은 내면에 숨겨진 재능과 노력으로 빚어낸 '결과'다.

빅뱅 데뷔 초기에 이들을 '아이돌 그룹'이라고 소개할까 말까, 잠시 고민했던 적이 있다. 아이돌 그룹이라 소개하기엔 내가 생각해도 뭔가 부족한 외모였고, 아이돌 그룹이 아니라고 말하기엔 빅뱅의 활동 방향은 분명 아이돌 그룹을 표방하고 있었기 때문이다.

예상했던 대로 빅뱅의 사진이 인터넷에 처음 공개되자 "애들이 무슨 아이돌 그룹이냐?", "지금 장난하냐?"는 식의 반응들이 대부분이었다. 아마도 대중들의 머릿속에 고정관념으로 박혀 있던, 조각같이 잘생긴 아이돌 그룹의 이미지와 다소 차이가 있었기 때문이었으리라 생각한다.

하버드에 가는 아이들과 연습실로 가는 아이들

솔직히 말해 나도 가끔은 빅뱅에게서 이해하기 힘든 세대 차이를 느낄 때가 많다.

마흔을 넘긴 기성세대의 푸념처럼 들릴지 모르지만, 나 역시 또 다른 기성세대인 부모님 세대로부터 방임되어 길러진 사람이다. 당시에는 인터넷과 같이 세상과 소통할 수 있는 채널도 거의 없었고, 정보를 공유할 수 있는 매체도 적었던 시기인지라, 그저 학교라는 시스템 안에서 살아남기 위해 경쟁하고 어른들 눈 밖에 나지 않기 위해 눈치껏 잘 개기는(?) 게 생존 전략의 전부였다. 주어진 규칙에 순응하고 정해진 길을 따라 걸으면서 가끔씩 일탈을 꿈꾸는 게 고작이랄까?

하지만 지금의 신세대들은 비교적 주관이 뚜렷하고 자기 스스로 목표를 잘 세우며, 원하는 길을 개척하는 데도 과감한 것 같다. 부모들도 자녀들의 뜻을 존중해주고 재능이 가리키는 길을 가도록 지원해준다.

우리 세대의 부모들이 SKY(서울대, 고려대, 연세대)로 대표되는 명문대 학벌, 대기업 취직, 판사·검사·의사 운운하는 식으로 자녀의 미래 그림을 한정시켰다면, 다행히도 요즘 부모들은 그런 고정관념이나 한계를 많이 버린 듯하다. 하버드에 가는 아이들과 기획사 연습실로 향하는 아이들 모두 존중받는 시대가 된 것 같아, 한편으론 다행스러운 일이다.

그래서인지 예전보다 많은 연예인 지망생들이 기획사의 문을 두드린다. 과거처럼 본인이 모든 것을 개척해야 했던 환경에 비해, 요즘은 경험 있는 선배들과 전문가들이 만들어놓은 비교적 다양한 채널을 통해 그 길에 도전할 수 있다. 하지만 기회가 많아진 만큼 그 경쟁 역시 매우 치열하다.

아쉬운 것은 연예계 혹은 예술 분야에 대한 '정보'가 여전히 적다는 것이다. 소위 민간인(?)들의 성공 사례나 그들의 시행착오에 대한 이야기들은 많은 언론 매체와 출판물을 통해 차곡차곡 쌓여온 반면, 연예계의 그것은 그저 기획사의 문 뒤편에 가려진 채 묻혀버리는 것이 고작이었다.

앞서 말한 대로 어떤 분야건 최고의 길에 도달하는 일이 쉬울 리 없지만, 왜 그리도 딴따라(?)들의 성공은 극히 개인적이고 변덕스러운 것으로 치부되는지. 누구보다 가볍지 않은 고통과 노력의 세월을 보냈건만 연예계에 데뷔한 스타들은 '자고 나니 스타가 된 사람' 혹은 '운이 좋아서, 누군가 잘 밀어줘서 성공한 사람'으로 비춰지는 것 같다.

스타가 되고 싶은가? 왜?

누구나 한 번쯤은 연예인이 되는 것을 상상해보지 않았을까?
특히 요즘 젊은 세대들, 아니 그보다 더 어린 세대들에게 연예인은 장래희망 1순위가 되기도 한다. 무엇이 그들에게 그런 꿈을 심어준 것일까? 화려해 보이는 외양? 뒤따라오는 부와 유명세? 혹은 동종의 연예인들과 친해질 수 있다는 막연한 기대?

뒤에 나올 지용(G-Dragon)의 단락에서 언급되듯이, 연예인으로서 유명해진다는 것은 '쉽게 누리지 못했던 영광'을 얻는 것과 동시에 '쉽게 벗어날 수 없는 속박'을 선택하는 일이기도 하다. 연예인이 되는 일도 어렵지만 연예인으로 성공하기란 더욱 어려운 일이고, 만일 성공한다 해도 이를 유지하기란 더더욱 힘든 일이기 때문이다.

취미 활동이 아니라 자신을 상품화하는 비즈니스이기 때문에, 자신의 선택에 대한 책임과 대가를 흔쾌히 감수해내야 한다. 그러기 위해서는 누구보다 객관적이고 냉철한 자기 자신에 대한 '평가'가 수반되어야 한다. 막연한 동경만 가지고 스타덤의 문을 두드릴 경우, 도태되거나 실패할 확률이 99퍼센트이기에 본인에게 재능이 있는지를 가장 먼저 고려해야 한다.

뒤에서 나올 영배(태양)의 글에서도 잠시 언급되듯, 아직도 YG 연습실 한쪽 벽면에는 '가수가 되기 전에 먼저 사람이 되어라'라는 연습생 지침이 붙어 있다. 본인을 과대평가하거나 자만하지 말고 늘 자신의 부족함을 찾아 끊임없이 자신을 발전시키라는 의미다.

이 책이 연예인 또는 가수를 꿈꾸는 신세대들에게 그런 마인드를 세팅하는 데 조금이나마 도움이 될 수 있기를 희망한다. 조급한(?) 마음으로 연예인이 되고 싶어 하는 자녀들을 둔 부모님들도 한 번쯤 읽어보시면 좋을 것 같다.

다섯 개의 분화구가 뭉쳐 만들어진 화산

책을 읽다 보면, 유독 멤버들끼리의 서로에 대한 감사와 존경, 그리고 동병상련의 정이 많이 느껴지고 읽혀질 것이다. 같은 길을 걸어가는 라이벌이자 끈끈한 우애로 맺어진 형제와도 같은 그들이지만, 때론 경쟁자가 되기도 하고 스승이 되기도 하는 그런 관계 말이다.

이 책이 흥미로운 점은 '한 사람의 도전기'가 아니라, '역동적인 팀워크'를 담고 있다는 점이다. 어쩌면 이들은 '전략과 협력, 조정과 설득, 공감과 이해' 같은 비즈니스 세계의 메커니즘을 비슷한 또래 친구들보다 훨씬 더 빨리 경험해보았다고 할 수 있다.

이들은 서로를 일으켜주고 배려하고 기분을 북돋아주고 등을 토닥거리며, 자연스레 리더의 자리, 막내의 자리, 상담자의 자리, 악역과 조연과 선의의 역할을 번갈아가며 빈 구석구석들을 채워나갔다. 아마도 살아남기 위해 자신의 빈자리를 채우는 방법을 빨리 터득해나갔던 것 같다.

서로 같은 꿈을 이야기했던 다섯 개의 작은 분화구들. 이들의 조언자로서, 뜨겁게 타오르는 이들의 열정과 노력들이 모여 훗날 거대한 화산으로 거듭날 수 있기를 희망한다.

이들의 이야기는 곧 여러분의 이야기이며, 이들의 꿈은 곧 여러분이 만들어갈 꿈의 또 다른 모양이다. 어떤 분야에서든 '자신만의 신화'를 기록하고 그 끝없는 희열과 보람을 만끽하기 위해 무엇을 어떻게 시작해야 하는지, 그 자그마한 힌트를 얻을 수 있기를 바란다.

끝으로 한 번도 책을 써본 경험이 없었던 빅뱅 멤버들이 자신들의 솔직한 생각과 경험을 잘 풀어낼 수 있도록 도와주신 스토리 디렉터(Story Director) 김세아 씨와, 책의 의미와 목적을 잘 이끌어내준 출판사 쌤앤파커스, 그리고 YG엔터테인먼트 임직원 여러분들과 YG FAMILY 소속 가수들, 마지막으로 빅뱅의 일거수일투족을 격려하고 지원해주시는 모든 분들께 무한한 감사의 말씀을 드린다.

Stage **1**

재능과 능력은 다르다

창조본능
G-Dragon

"땀으로 써내려간 내 도전의 가치는 꿈을 향한 그리움이었다.
지금껏 흘린 내 눈물은 희망을 현실로 만드는 발판이었다.
기적을 꽃피우는 아름다운 사람, 내가 바로 그 주인공이고 싶다.
나에게 바치는 마지막 기도는, 무대에서 눈부시게 피어나는 것이다."

G-Dragon

본명 권지용 **태어난 날** 1988년 8월 18일 **특기** 춤, 노래, 랩, 작사, 작곡, 스타일링

＊ 디지털 싱글 〈나만 바라봐 PART2〉 발표

창조본능 G-Dragon #1

재능을 가졌다는 것은, 그저 조금 더 가진 것뿐이다

음악이 좋다는 것 말고는 아무것도 없었던 녀석

나는 무엇이든지 확실한 게 좋다. 친구들과 놀 때는 정신줄을 내려놓을 만큼 미친 듯이 놀고, 일을 할 때는 온몸의 세포 하나하나가 곤두설 정도로 집중해야 한다. 하다못해 잠을 자더라도 동면에 들어가는 반달곰처럼 제대로 자야 하는 스타일이다.

어떤 일이든지 유야무야, 은근슬쩍, 얼렁뚱땅 구렁이 담 넘어가듯 흐리멍덩한 것을 선천적으로 싫어한다. 덕분에 '싸가지 없다, 까칠하다'는 등의 오해도 많이 받는다. 하지만 천성을 버릴 수는 없는 법. 아무리 어려운 자리, 불편한 사람일지라도 '아니다' 싶으면 죽어도 내 생각을 말하는 성격인지라 '센 놈'의 이미지가 점차 견고해지고 있는 느낌이다.

정확히 언제인지는 모르겠지만 누군가 나의 꿈을 처음으로 물어본 그 순간부터 나의 대답은 언제나 '가수'였다. 사실 초등학교 6학년, 열세 살의 나이에 가수의 길에 뛰어든 내게 다른 생각, 다른 꿈은 사치일 뿐이었다. 눈가리개를 하고 전력질주를 하는 경주마처럼, 목표를 향해 달리는 것 외에는 할 수 있는 게 없었다.

누군가는 정말 어린이다운 꿈이라고, 또 다른 누군가는 겉멋만 잔뜩 들었다고 비웃을 수 있는 꿈이지만, 음악은 나의 몸과 마음을 움직이게 만들고 나를 숨쉬게 만들며, 화려한 무대는 언제나 내 심장을 뛰게 한다. 내가 음악을 하지 않았더라면, 무엇을 하고 있을까? 이 질문의 해답은 아마 평생 찾을 수 없을 것이다.

빅뱅이라는 그룹의 이름조차 없던 연습생 시절, 오디션을 준비하던 친구들은 나를 포함하여 모두 여섯 명이었다. 최종 오디션 끝에 지금은 다섯 멤버로 구성되어 있지만, 당시만 해도 앞으로 탄생할 그룹이 둘로 구성될지 셋으로 구성될지 아무도 알 수 없었다. 테스트 결과에 따라 누군가는 탈락해야 하는 서바이벌 방식이었기 때문이다. 살아남기 위해 나의 모든 것을 걸어야 하는 절박한 시간이었다.

상황이 이렇다 보니 남보다 더 오래 연습생으로 보냈던 6년이라는 시간은 부담일 뿐, 결코 유리한 조건이 될 수 없었다. 양현석 대표님의 성격상, 실력이 인정되지 않으면 6년이 아니라 60년을 연습했다 해도 가차

최선을 다했지만 어쩔 수 없는 일은,
털어버릴 줄도 알아야 한다.
세상에 '미련'만큼 미련한 일도 없다.

없이 탈락시킨다는 것을 잘 알고 있었기에, 나와 영배(태양)는 더더욱 긴장과 초조의 나날을 보내야 했다.

또 하루 열두 시간 춤, 노래, 웨이트트레이닝, 거기에 외국어 두 개까지 포함된 일고여덟 개의 레슨을 받는 것은 체력의 한계를 불러왔고, 멤버들의 신경도 털을 세운 고양이처럼 날카롭게 곤두서기 시작했다.

게다가 나는 리더의 자리에 있었다. 아무리 서바이벌 방식이라지만, '음악이 좋다'는 이유 하나로 그 긴 시간을 함께 울고 웃었던 친구들의 손을 하나라도 놓고 싶지 않았다. 아니, 놓을 수가 없었다. 단 한 명의 낙오자도 없이 우리 여섯 명 모두 그토록 간절히 원하던 '그것', 그리고 앞으로 가야 할 '그곳'에 함께하고 싶었기 때문이다.

하지만 실력과 성격, 능력이 다른 여섯 명을 조각배에 태워놓으니 한 방향으로 노를 젓기가 쉽지 않았다. 예고 없이 찾아오는 개개인의 슬럼프를 너그럽게 묵인해줄 여유도 없었다. 멤버들 모두 이를 악물고 버틴다는 사실을 잘 알고 있었지만, '열심히 하는 것'은 그저 기본일 뿐 '잘하지 않으면' 절대로 한 배에 남을 수 없다는 냉혹함을 잘 알고 있었다.

얼떨결에 맡게 된 리더의 자리

우리는 모두 또래 친구들보다 더 이른 나이에 인생의 목표를 정하고, 우리가 가진 모든 것을 걸었다. 친구들이 학교에서 영어단어를 외우고 있을 때 우리는 랩과 안무를 암기했고, 친구들이 운동장에서 운동을 하며 땀을 흘릴 때 우리는 습기 가득한 지하 연습실에서 숨이 멎을 것 같은 더위와 싸워가며 춤을 배워야 했다. 친구들이 시험을 마치고 기분 좋은 환호를 외칠 때 우리는 또 다른 시험이 줄줄이 기다리고 있는 연습실로 향했고, 친구들이 방학이라고 늦잠을 자는 순간에도 우리는 방학이라서 더 일찍 나오고 더 오래 연습해야 하는 고된 일정을 소화해야 했다.

또한 친구들이 아침부터 '밥 먹으라'는 엄마의 잔소리를 지겨워 할 때 우리는 한달에 한 번 보는 엄마가 걱정할까 애써 밝은 웃음을 지어보여야 했고, 돌아가는 엄마의 뒷모습을 보며 눈물을 삼켰다. 남들과 출발선이 다르고 가는 길도 달랐기에, 여기서 물러서면 돌아갈 곳조차 없는 우리였다.

〈리얼다큐 빅뱅〉을 보면, 내가 멤버들을 다그치는 모습이 자주 나온다.

"그렇게 하면 백 번 해도 몸에 익을 수가 없다니까. 그럼 아무리 연습해도 꽝이야!"

"무릎 한 번 깨진다고 죽냐? 각오하고 힘차게 돌려봐. 뭐가 그렇게 아프다고 살살 하는 거야!"

"네 생각해서 말해주는 거면 똑바로 알아차려야 할 거 아니야?"

"안 되잖아. 하루 남았는데 자고 있는 애들이 어디 있어?"

당시 멤버들에게 내뱉은 까칠한 나의 독설들이 담긴 〈리얼다큐 빅뱅〉이 인터넷을 떠돌기 시작했고, 덕분에 나는 '권G랄', '사포지용', '까칠지용'이라는 별명까지 얻었다.

2006년 6월 멤버 선정이 최종 확정되기 직전, 세븐 형의 콘서트 무대에 백댄서로 올라가는 최종 실전 테스트가 있었다. 최종 탈락자를 결정하게 될 그 무대에서 우리는 그동안 열심히 갈고닦아온 실력과 최상의 팀워크를 보여줘야 했다. 세븐 형마저 우리를 걱정하는 마음이었고, 나 역시 괜히 이런저런 걱정들에 휩싸여 신경이 날카롭게 곤두서 있었다.

드디어 리허설이 시작되었다. 당시 여섯 명 모두가 난생 처음 서는 큰 무대인 동시에, 단 한 번의 리허설을 통해 완벽하게 동작과 자리 배치를 익혀야 하는 상황이었다. 그런데 공중 뒤돌기를 하던 영배가 그만 넘어지고 말았다. 실수도 실수지만, 무엇보다 쓰러지면서 손을 다친 게 더 큰 일이었다. 우리 모두는 순간 당황해서 어쩔 줄을 몰랐다. 다친 엉배도 걱정이지만, 혹시라도 영배의 부상으로 애써 연습해두었던 안무와 배치를 모두 바꿔야 할지도 모르는 상황이었기 때문이다.

다행히 영배는 아픈 내색 하나 없이 "괜찮다."는 말로 멤버들을 안심시켰다. 피가 나는 손이 아프기도 했으련만, 애써 태연한 척한 것이다. 우리는 다시금 전열을 가다듬었고, 별 탈 없이 리허설을 마칠 수 있었다.

하지만 나는 리허설 무대를 내려오자마자 멤버들에게 호통을 쳤다.

"나도 경황이 없었지만 너희들은 뭐야? 내가 소리 안 질렀으면 계속 멍하니 서 있었을 거 아니야? 영배가 쓰러졌다고 얼어가지고, '어, 어떡하지?' 하는 표정으로 서 있으면 되냐? 만일 실전이었으면 어쩔 뻔했어?"

습관처럼 혹독한 말들이 입에서 쏟아져 나왔다.

"자, 이제 실전이야 실전! 정말 뭔가 보여주자."

무대에 오르는 순간까지 내 잔소리는 멈추질 않았다.

"자, 자리 신경 쓰고, 표정 신경 쓰고! 춤추면서도 옆 사람의 위치를 잘 파악하란 말이야."

지금 와서 생각해보면 긴장한 멤버들을 차분히 달래주고 용기를 더 북돋워줄 걸 하는 생각이 들기도 하는데, 당시에는 단 한 명도 탈락하는 일이 없기를 바라는 마음이 더 간절했던 것 같다.

꼬마 룰라, YG 연습생으로 들어오다

이미 많은 분들에게 알려져 있듯, 나는 룰라 선배님들의 뮤직비디오에 '꼬마 룰라'로 출연한 것을 계기로 YG엔터테인먼트의 연습생으로 캐스팅되었다.

다행히도 어머니가 다양한 분야의 경험을 갖게 하는 데 아주 관심이 많으셔서, 나는 어렸을 때부터 어머니 손을 잡고 온갖 대회나 오디션을 밥 먹듯이 다녔다. 지금 생각해봐도 나는 맹랑하기 짝이 없는 꼬맹이였던 것이, 아무리 나이 많은 어른 앞이나 여러 대중 앞에서도 떨어본 경험이 거의 없는 '간 큰 아이'였다.

그게 다른 사람들이 말하는 '재능'인지는 모르겠다. 그저 내가 너무 좋아해서 즐길 수 있었고, 더 다행스러운 것은 부모님이나 주변 사람들의 전폭적인 지원을 받았다는 점이다.

나는 스스로 생각해보아도 우울한 성격이라고는 눈곱만큼도 없는, 100퍼센트 낙천가다. 잘해도 즐겁지만, 못해도 다음에 살하면 된다는 것이 나의 사고방식이다. 다만 노는 걸 좋아하고 지금도 초등학교 때 친구들까지 모조리 연락하고 지내는 '관계 지향형 인간'인 탓에, 예전처럼 자주 친구들과 만나거나 같이 어울리지 못하는 게 조금 섭섭할 뿐이다.

YG에 들어온 이후 연습생 생활 때문에 친구들과 자주 어울리지 못하다 보니, 혼자서 심심하면 가사를 쓰고 랩을 쓰는 것이 나만의 취미이자 나만의 놀이 문화가 되어버린 셈이다. 또래의 친구들이 게임을 하고 놀 때, 나는 음악을 가지고 놀았다는 것이 작은 차이점이랄까?

조금 힘들고 지루하긴 했지만 나에게 연습생 생활은 그다지 큰 고민거리가 아니었다. 물론 육체적으로 힘들고 친구들과 어울릴 시간이 줄어들긴 했지만, 가끔 선배 형이나 누나들의 무대를 기웃거리고 무대에 서거나 뮤직비디오를 찍으면서 '가수 흉내'를 내곤 하는 것이 마냥 즐거웠던 시기였다.

학교에 가면 숙제를 해야 하고, 회사에 나가면 정해진 시간까지 프로젝트를 제출해야 하듯이, 연습생 생활 동안 나의 주된 숙제는 일주일에 한 번씩 새로운 연습 영상을 녹화해서 양 대표님께 제출하는 일이었다. 그런데 랩과 가사를 쓰는 일이 취미였기 때문에 외국 가수들의 원곡을 그대로 부르기보다 새로운 랩과 가사를 다시 써서 부르곤 했다. 어느 정도 시간이 지나자, 양 대표님은 아예 일주일에 한 곡씩 작사 작곡을 해오는 과제를 내주셨다. 물론 당시에는 아주 부족한 수준이었지만, 6년 동안 꾸준히 쉬지 않고 연습했던 것이 지금 작사 작곡을 하는 데 많은 도움이 되었던 것 같다.

실패하는 것보다,
실패가 두려워 시도하지 않는 것이 더 어리석다

그토록 낙천적이던 나였지만, 멤버 선정이 다가올수록 점점 더 초조해져갔다. '잘못될 리 없다'고 혼잣말을 중얼거렸지만, 서바이벌 방식이 주는 중압감은 매우 무거웠다. 낙천적인 나조차 그런데, 경험이 적거나 심성이 여린 다른 친구들은 어땠을까? 다른 친구들이 쓸데없는 고민에 빠지지 않게 하기 위해서라도, 내가 먼저 악바리처럼 덤비고 내가 먼저 악역을 자처해야 했다.

사실 멤버들을 다그치던 말들의 대부분은 나 자신에게 하는 말이었다. 양현석 대표님은 입버릇처럼 "잘할 수 있다고 생각하는 것과 진짜 잘하는 것은 엄연히 다르다."는 말을 하신다. '재능을 가진 것과 그것을 능력으로 발휘하는 일은 엄연히 다르다'는 의미다.

'이제까지 내가 가장 잘할 수 있고 가장 좋아하는 일이라고 믿었던 가수를 못하게 된다면, 나의 미래는 어떻게 될까?' 어디서든 머리만 대면 잘 자는 나였지만, 악몽까지 꾸기 시작했다.

그 즈음 어느 저녁의 일이다. 갑자기 창밖에서 거센 비바람이 몰아치기 시작했다. 바람이 얼마나 세던지, 열린 창문 사이로 굵은 빗방울이 휘몰아쳐 들어올 정도였다. 서둘러 창문을 닫으려는 순간, 나는 폭풍우와 사투를 벌이고 있는 거미 한 마리를 발견했다.

녀석은 그 작은 몸으로 굵은 빗방울을 받아내며, 금방이라도 끊어질 듯 위태로워 보이는 거미줄 위에서 분주하게 움직였다. 평상시라면 유심히 보지 않았을 광경이지만, 그날 그 거미의 모습은 왠지 남의 일처럼 보이지 않았다. 창문을 닫아야 한다는 사실도 잊은 채, 나는 거미를 물끄러미 바라보고 있었다. 그 몸짓을 보는 순간, 묘한 느낌이 들었다.

'이 녀석은 알고 있는 거야. 이 비바람이 지나가고 나면 다시 맑은 날이 올 거라는 걸. 설령 이 비바람에 거미줄이 찢기고 뜯겨도, 지금 할 수 있는 일은 그저 열심히 실을 뽑아내는 것뿐이라는 걸.'

녀석이 그 얇은 거미줄에 '생존'이라는 간절함을 걸었듯, 나는 '가수'라는 꿈에 내 모든 것을 걸었다. 그 간절함이 없다면 살아도 사는 게 아니다. 큰 인기를 누리겠다는 것이 아니라, 나의 노래를 많은 사람들과 호흡하며 부르고 싶다는 간절함! 그 꿈을 이루기 위해 의미 있게 나를 몰아 부치는 나날들…. 이보다 더 행복할 수는 없다는 생각이 들었다.

'재능'이라는 것은 아무도 보지 않아도 거미가 가는 거미줄을 내뿜어 자기만의 아름다운 집을 짓듯, 끈질기고도 아름다운 행위를 통해서만 '능력'으로 꽃피울 수 있다고 믿는다. 그리고 설령 조금 덜 아름답거나 찌그러진 집을 짓게 된들 어떠랴. 자기를 바쳐 꿈을 향해 달려가는 그 순간만큼은 생애 최고의 순간인 것을.

빅뱅은 실력파? 아니 노력파!

데뷔 전부터 빅뱅이라는 그룹을 두고 많은 이야기들이 오가는 것을 들었다. '힙합 하는 아이돌', '실력파 아이돌', '차별화된 아이돌'…. 혹자는 '그래도 여전히 기획사에 의해 만들어진 아이돌'이라고 했다. 맞는 말이다. 빅뱅은 '만들어진' 아이돌이다. 어느 것 하나 공짜로 주어진 것이 없이, 멤버 각자가 자신의 재능을 꽃피워내고 또 자신이 가진 한계를 뛰어넘으면서, 땀과 눈물로 '만들어진' 아이돌이다.

어떤 사람은 작사, 작곡, 프로듀싱까지 하는 나를 보고 '혼자 다 해 먹는다'라고 평했다. 하지만 그 말은 분명 틀린 말이다. 빅뱅은 곡 하나를 만들어도 우리의 느낌, 우리의 색깔을 살리기 위해 다섯 멤버 모두 죽자 사자 매달린다. 자기 파트를 녹음할 때면 누구라고 할 것 없이, 가사와 곡에 맞는 느낌과 목소리를 찾아내기 위해 '스스로 만족할 때까지' 녹음을 한다. 주위에서 아무리 "이제 충분하다."고 "잘했다."고 말려도 소용이 없다.

사람들이 뭐라 말하든, 빅뱅은 '실력파'라기보다는 '노력파'에 가깝다. 팀 안에서 각자의 색깔을 내기 위해 노력하면서 동시에 조화를 이룬다. 우리는 누군가에 의해 만들어진 아이돌이라기보다는, 본인들에 의해 만들어지고 발전하는 '자가발전형 아이돌'이라고 할 수 있다.

T.O.P 형의 목소리는 '뛰어난 래퍼'임을 떠나서 인간적으로 사람을 끌

어당기는 힘이 있다. 랩을 할 때뿐 아니라 말을 할 때조차 뭔가 동물적인 색감이 느껴지는 그 목소리는 팀 전체의 중심을 잡아주기도 하고 시너지 효과를 내주기도 한다.

태양의 경우에는 매번 볼수록 사람을 놀라게 한다. 가만히 있을 때는 순진하고 조용조용한 친구지만, 무대에만 올라가면 내가 봐도 멋있다 싶을 정도로 강렬한 인상을 주며 완벽에 가까운 무대를 보여준다. 가끔 '저 친구가 나와 같이 6년 동안 연습한 영배 맞나?' 하는 생각이 들 만큼 자랑스럽다.

대성은 엔돌핀 제조기답게 정말 명랑하고 영리하다. 슬픈 노래를 부를 때는 '감정'을 담아 슬픈 느낌을 잘 표현하고, 트로트를 부를 때는 원로 트로트 가수 못지않은 구수하고 맛깔나는 모습을 보여준다. 대성이는 마치 상황에 따라 자신의 색깔을 바꿀 수 있는 카멜레온 같다.

승리는 소년에서 청년으로 가는 경계에 있다고 할까? 평소에는 친한 동생 같은 존재지만 무대에 서면 남성다운 매력이 엿보이는 묘한 분위기가 있다. 솔로 곡인 〈STRONG BABY〉를 작곡해 선물했더니 혼자서 안무를 구상하고 꾸준히 자기의 무대를 변화시킬 만큼, 열정적이고 노력파다.

이렇듯 모든 멤버들은 오늘과 내일이 정말 다르다고 느껴질 정도로 몰라보게 쑥쑥 성장하면서 조화를 이루고 서로의 자리를 돋보이게 해준다.

가끔 나와 영배는 "빅뱅 결성 이전에 우리 둘이 듀엣으로 데뷔했다면 어땠을까?" 하는 이야기를 나누곤 한다. 쉽게 상상조차 되지 않는 일이다. 서로 다른 장점을 지닌 지금의 빅뱅은 마치 하나의 동그라미를 구성하기 위해 모인 다섯 개의 조각과도 같기 때문이다. 기적과도 같은 우리의 만남에 대해 늘 감사하게 생각하고 있으며, 유명 연예인이 되었다는 것보다 빅뱅의 일원이라는 것에 더욱 감사한다.

빅뱅은 무대 위에서 가장 빛을 발한다. 다섯 명 모두 강한 에너지를 가지고 있지만, 그 다섯이 뭉치면 더 대단한 시너지를 만들어낸다. 나의 재능을 뽐내기에 앞서 겸손과 절제를 배우게 된 것은, 그룹 활동에서 얻은 최대의 가르침이다. 멤버들 모두 빅뱅이라는 이름 안에서 서로가 빛나도록 자신을 적절히 조절해주어 고맙고 또 고마울 따름이다.

일본에서 콘서트를 할 때의 일이다. 공연이 막바지에 접어들었을 때, 갑자기 음향에 문제가 생겨서 음악이 도중에 멈추었다. 누구도 예상하지 못한 사고로 무대 위에는 정적만이 흘렀고 객석도 당황한 듯 술렁거렸다.

그런데 순간 누군가 즉흥적으로 비트박스를 하기 시작했다. 또 누구랄 것도 없이 그 비트박스에 맞춰서 랩을 하고 누구는 추임새를 넣고 누구는 박수를 치며, 관객들의 호응을 이끌었다.

단 한 번도 그런 상황을 예상하거나 연습해본 적이 없었고, 그런 상황을 대비해 계획을 세워둔 적도 없었다. 하지만 위기 상황에서 채 몇 초도 되지 않아 우리는 재빨리 눈빛을 교환하고 그 눈빛 속에서 깊은 믿음과 신뢰를 주고받으며 서로를 믿고 의지했다.

무대에서 내려온 우리는 아무 말 없이 서로를 부둥켜안았다.

창조본능 G-Dragon #2

노력하고 즐기고, 즐기고 노력하고…, 나를 쏟아붓는 법

남들보다 조금 일찍 시작해서 조금 더 잘하는 것뿐

무대 위에 있을 때는 그 무엇도 두려울 것이 없고 세상을 다 가진 것 같은 열정을 쏟아내는 빅뱅이지만, 나를 포함해 멤버들은 정말이지 신기할 정도로 붙임성이 없다. 그래서 가끔 오해를 사기도 한다. 해명하는 모양새같이 되어버렸지만, 붙임성이 없다는 건 우리가 아직 갈 길이 멀다는 증거다.

멤버들 모두 사회생활을 배워야 할 시기의 대부분을 연습실에서 보낸 탓에 숫기가 제로다. 우리 다섯 명이 함께 있을 때는 하다못해 운동화 끈 하나를 가지고도 몇 시간을 재미있게 보내지만, 빅뱅을 벗어나면 마치 물 밖으로 나온 붕어들마냥 그야말로 '바보'가 된다. 수만 명을 앞에 둔 무대보다, 낯선 한 사람을 두려워하는 겁쟁이들이다. 가끔씩은 팬들과 만날 때조차 얼굴이 붉어질 정도로 부끄럽다. 성격이 좋다고 알려진 대성이조차 그나마 버라이어티 프로그램을 하면서 많이 밝아졌다고 자평할 정도다.

그래서 빅뱅에게 부족한 것 한 가지를 꼽으라면, 나는 주저 없이 붙임성을 말할 것이다. 데뷔 초에는 "식사는 하셨어요?" 하는 아주 간단한 인사말조차 용기 내어 건네지 못할 정도였다. "선배님, 이번 앨범 진짜 대박이에요.", "감독님, 부족한 저희 때문에 고생이 많으시죠?" 하고 말하고 싶은 마음은 굴뚝 같은데, 무슨 일인지 사람들 앞에만 서면 입이 떨어지지 않는다. 때론 "안녕하세요!" 하고 인사를 하고 나면 그 다음엔 무슨 이야기를 더 해야 할지 몰라 뻣뻣하게 서 있기도 한다.

하지만 '할 수 없다'고 머뭇거리며 자기변명을 늘어놓는 것은, 자기 스스로 할 수 없다는 것을 더 강하게 다짐하는 꼴밖에 되지 않는다. 그런 생각만으로는 그 무엇도 변하지 않는다는 것도 잘 알고 있다. 주먹만 한 크기의 눈덩이도 자꾸 굴려서 크게 만들어야 눈사람이 되듯이, 어쨌든 시작을 해봐야 한다. 뭐든지 처음이 어려울 뿐이라고 스스로를 자극하면서, 실력이나 인성 모두 더욱 강해지기 위해 노력하고 있다.

'가수가 되기 전에 먼저 사람이 되어라'라는 YG 연습생 지침이 떠오른다. 노래는 엄청 잘하는데 인간성이 덜 된 사람이 존경받는 가수가 될 수 있을까? 수단과 방법을 가리지 않고 자기 밥그릇만 챙기는 사람을 대중들이 사랑해줄까? 사람 알기를 우습게 알고 사물에 대해 감사할 줄 모르는 사람이 아름다운 가사를 쓸 수 있을까? 깊이 생각하고 고민해볼 문제인 것 같다.

우리는 알고 있다. 남들보다 조금 일찍 시작해 지금 과분한 대접을 받고 있지만, 그럴수록 더 겸손해지고 자신을 발전시키지 않으면 머지않아 도태되고 뒤처진다는 것을.

처음 연습생이 되었을 때는 의상이나 기타 필요한 짐들을 직접 짊어지고, 지하철을 타거나 버스를 타고 콘서트 장으로 가곤 했다. 형들이 힘들어 보이면 뛰어가서 도울 일은 없는지 여쭙고, 어린 몸이나마 내가 할 수 있는 일들을 찾아서 하곤 했다.

지금도 다르지 않다. 그저 빅뱅이라는 타이틀이 생긴 것이지, 내가 변한 게 아니다. 필요에 의해 밴도 타게 되고, 매니저 형 누나들이 우리를 도와주고, 남들보다 화려한 옷을 입는 것뿐이다. 겸손과 노력이라는 우리의 본질을 잊으면 안 된다는 것을 우리는 너무나 잘 알고 있다. 1등이라는 타이틀이나 음반 판매량 기록 같은 것은 '우리가 노력을 기울여 쏟아낸 것'에 내려지는 하나의 보너스라는 것을. 우리는 평생 연습생의 마음으로 살아갈 것이다.

뿌리가 다른 나무가 서로 기대어 사는 '연리지'처럼

언젠가 양현석 대표님이 멤버들을 묘목에 비교해 얘기한 적이 있다.

나는 꽃이 화려하게 피어 사람들의 시선을 사로잡는 나무고, T.O.P 형은 굵고 묵직한 나무, 태양은 혼자서도 잘 크는 나무, 대성은 열매가 많은 나무, 마지막으로 승리는 잔가지만 잘 쳐주면 더 크게 자랄 나무라고 하셨다. 탁월한 비유라고 생각한다.

나는 양 대표님이 나를 평가한 대목에 대해 혼자 생각해보곤 한다. '화려한 꽃'이라…. 외모나 헤어스타일, 옷 입는 것, 하다못해 표정과 몸짓까지, 모든 것이 나를 보여주는 포장지다. 가끔씩 그 포장지가 너무 부각되어 나 자신의 본질이 가려지는 것 같지만, 그래도 내게 어울리는 건 그 포장지를 예쁘고 화려하게 만들어가는 것이라고 생각한다. 다행히 너그럽게 보아주시는 분들이 계셔서 감사할 따름이다.

빅뱅 멤버들은 무대 위에 올라갈 때 "자, 놀러가자!"라고 말한다. 그건 우리들이 무대를 즐기고 싶어 하는 열망의 표현이기도 하지만, 무엇보나 빅뱅이 무대에 단련되어 있기 때문이기도 하다. 무대에 오르기 전 약간의 계획을 짜두기도 하지만, 빅뱅의 장점은 오히려 자연스러운 '돌출행동'이라고 생각한다.

무대 위에서 누군가 실수를 하면, 각자 얼굴을 쳐다보며 웃기도 하고 귓속말을 주고받으며 놀리기도 한다. 자칫 너무 장난스러워 보일 수도 있겠지만, 실수를 두려워하기보다 무대 위 모든 상황을 즐기고 싶어 하는 빅뱅의 모습으로 좋게 봐주시길 바란다.

빅뱅이라는 이름을 본격적으로 알리기 전부터 우리는 여러 무대를 경험했다. 특히 YG 10주년 투어는 미국, 일본, 한국의 여러 도시를 순회하는 공연이었는데, 선배 가수들과 함께 엄청난 규모의 무대에 서볼 수 있는 기회였다.

YG의 장점은 신인에게 '무대 경험'의 기회를 많이 제공한다는 점이다. 그리고 각종 방송은 물론 공연에서도 '같은 곡'을 부른다고 해서 '같은 컨셉'으로 나가는 경우는 거의 없다. 데뷔한 지 불과 2~3년밖에 되지 않은 우리들이 '척 하면 척' 하고 통할 수 있는 이유는 바로 그런 실전 연습 덕택이었다. 어떤 때는 공연 바로 직전에 퍼포먼스에 대한 구상을 마치는 경우도 있다. 그러면 각자 현장에서 일어나는 돌발상황에 알아서 대처해야 한다.

물론 어떤 일이든 쉬운 것은 없을 것이다. 하지만 특히 연예계의 경우, 겉으로 보이는 화려함만 보고 몇 년씩 매달리기엔 체력과 인내심 모두가 아주 많이 필요한 일 중 하나다. 매번 힘든 내색도 하지 않고 주어진 상황에 최선을 다하는 멤버들이 있기에, 빅뱅의 퍼포먼스가 더욱 빛을 발할 수 있는 것이라 생각한다.

'FRIEND', 친구란 서로 오래 의지하는 사람

아버지는 항상 내게 "남자는 친구가 많아야 한다."고 말씀하신다. 굳이 아버지 말씀이 아니더라도 내게 있어 친구는 기쁨과 괴로움을 모두 나눠가질 수 있는 소중한 존재다.

내가 가진 것과는 다른 것을 가진 사람들에게서 매일 무언가를 배운다. 공부 잘하고 성실한 친구들에게서는 '착실함의 미덕'을 배우고, 사람들이 날라리라고 손가락질하는 친구들에게서는 '개성 넘치는 발랄함'을 배운다.

어느 글에선가 읽은 적이 있다. '친구(FRIEND)'라는 각각의 글자가 무슨 뜻을 가지고 있는지 해석한 글이었다. 그 해석에 의하면 'F'는 Face, 즉 얼굴을 본다는 뜻이고, 'R'은 Recognition, 서로를 알아봐주고 있는 그대로 인정해주는 것을 말한다고 한다. 'I'는 Interact, 즉 서로 영향력을 미치고 관계를 맺어가는 것이고, 'E'는 Equality, 늘 평등하고 균형 있는 상태를 유지하는 것이라고 한다. 'N'은 Need, 서로 꼭 필요한 존재가 되는 것이고, 'D'는 Dependence, 서로에게 기대어 의지하는 소중한 사람이라는 뜻이다. 참 그럴듯한 풀이라고 생각했다. 내게도 친구는 살아가는 중요한 이유 중의 하나이고, 오랜 친구와 함께라면 언제든 즐겁다.

나를 따라다니는 수식어 중 하나가 바로 '미친 인맥'이라는 말이다. 내가 앨범에 남겼던 'thanks to'를 보고 팬들이 붙여준 별명이다. 막상 앨범을 내려고 보니 고마운 사람이 너무 많았다. 가끔 친구들 중에는 "나 연예인 권지용 친구다!" 하고 자랑하는 걸 은근히 즐기는 경우도 있는데, 그럴 땐 그리 친한 사이가 아니어도 흔쾌히 친구가 되어준다. 여러 친구들을 떠올리며 한 사람 한 사람 적다 보니 thanks to의 길이가 한없이 길어졌다.

역시 내게 '친구' 하면 태양에 대한 이야기를 빼놓을 수가 없다. 〈리얼다큐 빅뱅〉에서는 우리들이 마치 서로를 경계하는 라이벌인 것처럼 묘사되곤 했는데, 실은 내게 있어 태양의 존재는 세상에서 가장 의지할 만한 든든한 버팀목과도 같다.

내가 멤버들을 닦달하면 태양은 그 이름처럼 온화하고 따뜻한 미소로 동료들을 도닥여준다. 하지만 혹여 내가 기운이 빠져 있거나 미처 챙기지 못할 때는 나를 대신해 리더 역할을 해준다. 매일매일 태양으로부터 배우고 자극받고 위로받는 나는, 어찌 보면 태양을 바라보며 자라나는 해바라기와도 같다.

그 친구의 넓고도 깊은 마음과 완벽을 추구하는 자기계발의 의지는 '음악의 길'을 걷고자 한 나의 초심을 잃지 않도록 채찍질한다. 그래서 나는 평생토록 태양과 함께 지내며, 서로에게 기대고 자극받으며 발전하고 싶다.

평소엔 하지 못했던 이야기인데, 만약 내가 나중에 죽을 때 마지막으로 그 자리를 지켜줄 단 한 명의 친구를 꼽으라면 주저 없이 태양을 꼽을 것이다. 늘 고맙고 또 고마운 친구다.

바쁜데 왜 심심한 거지?

나는 한시도 가만히 있지를 못하는 성격이다. 쉬는 날이 있어도 편안히 쉬지를 못한다. 어떤 사람은 그런 나를 걱정스러운 시선으로 보기도 하지만, 내게 있어 '또 다른 무언가를 창작하는 순간'이야말로 최고의 휴식이다. 하루 종일 연습을 하거나 스케줄 때문에 파김치가 되어 숙소로 돌아와도, 나는 내 방에서 무언가를 끼적인다. 음악을 만들거나 가사를 쓰거나 연습장에 그림을 그리거나 하다못해 미뤄뒀던 영화라도 봐야 직성이 풀린다.

다음 날 짠! 하고 만들어낸 곡을 내밀면 멤버들조차 "도대체 언제 만든 거냐?"며 놀라는 눈치다.

나도 모르겠다. 그냥 쓰고 싶어 미칠 것 같은 상황이 있다. 작곡을 해야겠다고 결심한 순간부터 주변의 모든 것들이 음악과 연결이 되는 듯하다. 거리의 간판을 봐도, 영화를 봐도, 주변의 사소한 것들마저 곡에 대한 발상으로 연결시키는 버릇이 생겼다.

머릿속에서 반짝 하고 무언가가 떠오르기 시작하면 노트를 꺼내 가사를 써내려가고 음을 흥얼거린다. 무대 위에서 노래하고 랩을 할 때도 즐겁지만, 개인적으로 곡을 만들어서 데모 녹음을 할 때 제일 신이 난다. 내가 생각한 것이 실제 음악으로 만들어지는 과정이 너무나 신기하고 재미있다.

열세 살 때부터 어깨너머로 하늘 같은 선배들의 모습을 지켜봐왔다. 똑같은 노력을 기울이고도 스포트라이트를 받지 못하는 사람, 모든 것을 준비해놓고도 무대에 한 번 제대로 서보지도 못하는 사람, 아름답게 빛이 나다가도 하루아침에 이슬처럼 지는 사람도 보았다. 때문에 내게 무대에 오르는 일은 언제나 과분하고 고마운 일이다.

그런데 나만 그런 게 아닌 모양이다. 다들 잘 시간이 훨씬 지났는데도, 누구의 방에서는 음악이 흘러나오고 누구는 거실에서 춤 연습을 하고 있다. 정말이지 모두들 의무감 때문에 억지로 하는 게 아니라, 자신이 좋아하는 일에서 최고가 되려고 열심히 노력한다.

창조본능 G-Dragon #3

두려움 없이,
그리고 거리낌도 없이, 청춘처럼

나를 창조하고 표현한다는 것

어렸을 때부터 우리 집 식구들은 모두 옷에 열광했다. 초등학교 시절 엄마와 누나 손을 잡고 주말이면 백화점으로 나갔던 기억이 지금도 생생하다. 원하는 것을 산다는 기쁨보다는, 마치 예술 작품들이 걸려 있는 미술관을 걷듯 다양한 옷들이 걸려 있는 의류 매장 사이를 거니는 것 자체가 황홀했다. 지금 생각해보면 그때의 경험은 나로 하여금 무언가를 표현하고 만들어내는 데 많은 영향을 미쳤던 것 같다.

어느 방송에서 보았던 이야기가 생각난다. 크리스마스가 되자 한 보육원에 구호물품이 도착했다. 그 구호물품이라는 것이 대부분 라면이나 헌 옷 같은 것들이었다. 리포터가 한 아이에게 '무엇을 갖고 싶냐?'고 물었다. 미미인형이나 장난감 같은 대답을 기대했던 리포터는 아이의 대답을 듣고 깜짝 놀랐다. 아이는 모나리자 그림이 갖고 싶다고 대답했던 것이다. 이처럼 아름다움은 '현실적 조건'이 만들어내는 것이 아니라, '상상력과 꿈'이 만들어내는 것이라고 생각한다.

명품 옷을 입는다고 그 사람의 품격이 올라가는 것은 아닐 것이다. 유행에 연연하거나 남들에게 보여주기 위해 꾸미는 것도 바람직하지 못하다. 나 역시 가끔씩은 값비싼 명품을 사기도 하지만, 길거리 좌판에서 할머니들이 파시는 옷을 사는 게 더 즐거울 때가 많다. 내게 있어 옷은 가격이나 브랜드가 아니라 나를 표현해주는 날개와도 같다. 음악이 나를 움직이는 에너지라면, 옷은 상상의 영역을 넓힐 수 있도록 도와주는 날개다. 시간과 기회가 허락한다면 언젠가 의류 관련 일을 해보고 싶다는 생각에, 곡을 쓰다가도 틈틈이 의상 드로잉을 하곤 한다.

사회적 기준이나 유행 따위와는 상관없이 내 마음대로 입는 패션 덕분에, 가끔은 구설수에 오르기도 한다. 연예인으로서 신중한 행동이 얼마나 중요한 것인지를 자각하게 됐던 사건도 있었다.
팬들이라면 사건의 전후사정을 모두 기억하고 계실 것이고, 팬이 아니더라도 한 어린 가수가 '선정적인 문구'가 쓰인 옷을 입고 무대에 섰던 사건(?)에 대해 다방면의 매체를 통해 접하셨을 것이다. 문제의 티셔츠는 개인적으로 제일 좋아하는 디자이너 존 갈리아노의 작품으로, 핑계같이 들리겠지만 그 옷을 고를 때 호피무늬의 디자인이 마음에 들었을 뿐 거기 쓰인 문구는 그다지 눈에 들어오지 않았다. 문제가 생기려고 그랬는지 주변 스태프들이나 멤버들마저도 문제점을 알아차리지 못했다. 그러나 더 이상은 '몰랐다'는 핑계 아닌 핑계를 늘어놓기보다는 방송인으로서 조심하지 못한 점을 진심으로 사과드리고 싶다.

어두운 터널을 지나면, 찬란한 햇빛이 기다린다

2007년에 발표한 〈거짓말〉이 크게 히트를 쳤고 곧이어 발표한 〈마지막 인사〉까지 많은 사랑을 받았다. 하지만 호사다마라고, 곡에 대해 안 좋은 이야기도 들려왔다. 프리템포(Free Tempo)라는 일본 가수의 곡을 표절했다는 의혹이 불거진 것이다. 결국 원작자인 프리템포까지 나서서 표절이 아니라고 대변해주어 사태는 마무리가 되었지만, 이런저런 생각들로 머릿속이 복잡해졌다. 그때 눈에 들어온 문구가 바로 'Too Fast to Live, Too Young to Die'였다. 섹스 피스톨즈(Sex Pistols)의 전설적인 베이시스트 시드 비셔스(Sid Vicious)의 일대기를 그린 영화 〈시드와 낸시〉에 나오는 대사였다.

여러 가지 의미로 해석될 수 있는 말이었지만, 나에게는 '방황과 좌절이 아무리 나를 엄습한다 해도, 이대로 포기하기엔 너무 이르다'라는 뜻으로 받아들여졌다. 그 시기, 나 스스로를 표현할 수 있는 최고의 문장이 아니었나 싶다. 나 자신을 다시 바로잡는 기분으로 등에 그 문구를 새겨 넣었다.

나는 앨범을 준비하는 기간 내내 깊은 생각에 잠긴다. 하루 종일 생각하고 또 생각한다. 그리고 나름대로 하나의 정의를 내리곤 한다.

오른쪽 팔에 있는 'Vita Dolce'는 '어떠한 상황에서도 달콤하고 행복하게 살자'는 의미로, 스스로에게 전하는 다짐이자 약속이다. 원문은 'La

Dolce Vita', 즉 이탈리아어로 '달콤한 인생'이라는 뜻이지만 '인생을 달콤하게'라고 바꾸어 새긴 것이다. 왼쪽 팔에 있는 'Moderato'는 너무 빠르게 앞만 보고 달리지 말고 '천천히, 주변을 돌아보자'는 의미다.

겨울이라는 계절이 없다면 봄날의 햇볕이 따뜻하게 느껴지지 않을 것이다. 때로는 차가운 바람에 마음 상할까봐 두터운 코트 깃을 단단히 여며야 하고, 끝 모를 어두운 터널을 지나야 할 때도 있다. 하지만 먼지가 풀풀 날리고 차가 덜컹거리는 비포장도로라고 해서 그 길을 포기한다면 끝내 터널을 벗어나 찬란한 햇빛을 볼 수 없을 것이다.

누릴 수 없는 자유에 대하여

소위 유명인이 되고 나서 가장 많이 생각하게 된 단어가 바로 '자유'라는 것이다.

예전에는 내가 뭘 하든 아무도 관심이 없었는데, 요즘은 많은 분들이 관심을 가져주신다. 그만큼 행복한 일이지만, 또 그만큼 힘들 때도 있다. '자유'가 행복의 요소 중에서 아주 큰 것이라는 점을 여실히 느낀다.

연예인이라는 생활에 익숙해지다 보면, 눈과 귀를 닫아버려야 할 때도 많다. 그래야만 마음이 너덜너덜해지지 않고 보존되기 때문이다. 다행히 내 경우는 무성한 소문과 이야기들로 인해 그다지 상처를 받지 않는 낙천적인 성격이다. 하지만 그 낙천적인 성격으로 나 자신을 다독거릴 수는 있지만, 자유를 누림으로써 경험할 수 있는 또 다른 창작의 원천들은 많이 잃어버린 셈이다.

또래 친구들을 만나서 시시껄렁한 이야기를 나누거나, 마음에 드는 어자 친구를 만나 마음껏 거리를 거닐거나, 진한(?) 연애와 실연의 아픔도 맛보아야 다양한 곡들을 만들 수 있을 텐데…. 가끔씩은 내가 너무 일만 하는 기계가 된 것 같아 조금 슬퍼지기도 한다. 물론 잃은 것에 비한다면 내가 얻은 것이 너무나도 많다.

이건 정말 비밀로 하려고 했는데, 가끔 놀이공원에 몰래 놀러간다. 얼굴을 보이면 남들에게도 피해가 될 수 있어 가면이나 동물 탈을 쓰고 가기도 하는데, 조용히 놀기만 하다가 오는 게 아니라 지나가는 사람을 놀래켜주기도 하고 슬쩍 잡아당기기도 하면서 재미있게 놀다 온다. 내 나름의 자유를 맛보는 방법이다. 그렇게 한 번 다녀오면 스트레스가 많이 풀린다.

아파도 괜찮아, 우린 청춘이잖아

아무리 생각해도 나는 정말 운이 좋은 놈이다. 다른 친구들이 적성을 찾아 고민할 때 넘치는 끼를 주체 못했고, 그것을 무시하지 않고 잘 살려주신 부모님이 계셨으니 말이다. 부족하지 않은 살림 덕분에 걱정 없이 학교에 다니고 남부러울 것 없는 보살핌을 받았다.

학창시절 벼락치기로 시험을 봐도 늘 성적은 중상위권이었고, 하다못해 '가위바위보'를 하거나 친구들과 가벼운 내기를 해도 진 적이 거의 없다. 오디션에 떨어져본 경험도 없고, 들어가기 어렵다는 YG에는 캐스팅을 받아 들어왔다. 열세 살 어린 나이에 너무나도 훌륭한 조력자들을 많이 만났고, 내 인생 최고의 스승인 양현석 대표님을 만났다.

빅뱅 역시 운이 많이 따라주었다. 그 어느 신인보다 많은 기대를 받으며 데뷔할 수 있었고 지금은 분에 넘치는 사랑까지 받고 있다. 여기까지만 읽으면, '권지용, 재수 없어'라는 생각이 들지도 모른다. 하지만 똑같은 이야기를 다른 각도의 시나리오로 읽어보면 어떨까?

'나는 부모의 보살핌을 받아야 할 열세 살 어린 나이에 새벽에 일찍 일어나서 학교에 갔다가, 학교가 끝나면 곧바로 연습실로 향했다. 아무도 챙겨주지 않는 연습실에서 밤늦게까지 연습하느라 하루 세 끼 제대로 먹지 못하는 날이 허다했다. 긴 연습생 생활 동안, 가수가 될 수 있을지 없을지도 모를 막연한 나날을 보내며 오로지 악으로 그 세월을 참아냈다.

이제 겨우 스물을 갓 넘긴 나이에 많은 책임감과 중압감에 시달리며 하루에 두세 시간도 채 못 잘 때가 많다. 무수하게 많은 곡을 썼지만 대부분이 세상의 빛을 보지 못하고 쓰레기통에 버려지고 말았다. 지금은 대중들이 열광해줄지 모르지만, 바람이 불면 떨어질지 모를 낙엽처럼 나의 하루하루는 늘 긴장되고 불안불안하다.'

흔히들 세상은 불공평하다고 말하지만, '뿌린 만큼 거둔다'는 얘기도 있다.

선배 가수들을 만나 말씀을 들어보면, 유독 힘든 과거를 보낸 사람들이 많다. 가수 비 형만 해도 눈물이 절로 뚝뚝 떨어질 것 같은 암담한 유년기를 보냈다. 어머님이 돌아가시기 직전 남겨주신 반지를 끼고, 컴백 무대에 섰다는 얘기를 듣고 가슴이 찡해왔다.

한 TV 프로에서 본 내용인데 성악가 조수미 선생님은 미국 공연을 할 때 아버님이 돌아가셨다는 비보를 전해 들었다고 한다. 그 소식을 전한 어머님은 "네가 무대에 서서 끝까지 공연을 마치는 것이 돌아가신 아버지도 원하시는 걸 거야."라며 공연을 취소하고 돌아가겠다는 선생님을 만류했다고 한다. 그리고 그날 무대 인사를 하며 조수미 선생님이 말했단다.

"오늘 저희 아버지가 돌아가셨습니다. 마지막 곡은 저를 이 자리에 세워주신 아버지께 바칩니다." 그러고는 푸치니 오페라 아리아 〈오, 사랑하는 나의 아버지(O mio babbino caro)〉를 불렀다고 한다.

상처는 때로 더 강해질 수 있는 힘이 된다. 특히 젊은날의 상처는 훗날 인생에서 쓸 수 있는 좋은 진통제가 되어줄 것이다. '적당히'는 하지 말자. 공부든, 꿈이든, 사랑이든.

실패와 좌절이 두려워 도전하지 못한다면 젊음에 대한 최소한의 예의를 지키지 않는 것이다.

우리가 정말 두려워해야 할 것은 실패가 아니라 도전과 변화를 무서워하는 딱딱한 심장을 갖게 되는 것이다. 혹시 지금 좌절이라는 벽에 부딪혀 조용히 울고 있는 친구가 있다면 이렇게 말해주고 싶다.

"넘어져도 괜찮아! 우린 아직 젊기에~."

● STAFF가 본 G-Dragon

더 새롭고 더 독특하게 소화해내는
동물적인 스타일링 감각

자신감 넘치고 긍정적인 성격 덕택인지, 지용이는 새로운 트렌드나 파격적인 스타일도 적극적으로 받아들인다. 오히려 자기 생각을 첨가해서 더 독특하고 더 새롭게 만든다. 무엇이든 하나를 보고 열 가지를 동시에 고민한 후, 금세 자기 것으로 표현해내는 놀라운 능력을 가졌다. 가령, 다른 친구들이 그냥 "와, 예쁘다." 하는 것도, 지용이는 언제 어떤 무대에서 어떻게 연출하면 괜찮을지 제안한다. 단순하고 평범한 것도 자기 식으로 멋지게 스타일링 해내는 능력은 거의 동물적인 감각이라고 말할 수 있는 수준이다.

언제 어디서나 싫은 것은 "싫다.", 아닌 것은 "아니다."라고 1초도 주저하지 않고 당당하게 말하는 것이 매력이자 특징인데, 그래도 팀의 리더이다 보니 자신이 가진 불만을 표출하기보다 멤버들을 달래고 설득하는 경우가 많다.

무슨 일이든 구체적이고 정확한 목표를 세우기 때문에 빨리 배우고 빨리 성장하는 것 같다. 옷을 하나 고르더라도 최종적인 결과가 어떤 모습이 되어야 하는지를 아주 디테일하게 그린다. '이런 느낌이 되려면 이렇게 해야 한다'는 것을 잘 안다. 헬스 트레이너와 운동할 때도, 옷을 입었을 때 어떤 핏(fit)이 나왔으면 좋겠다고 구체적인 방향을 제안할 정도라고 한다. 사람들은 이 친구가 타고난 재능이 출중해서 잘하는 거라고만 생각하는 것 같다. 하지만 사실은 안 보이는 데서 가장 많이 노력하는 친구다.

— 지은, 스타일리스트

멤버와 스태프 모두를 독려할 줄 아는 리더

요즘 빅뱅 멤버들을 보면 '참 대단하다'는 소리가 절로 나온다. 그 많은 스케줄을 강행하면서도, 새로운 일이 생기면 너나 할 것 없이 '해보자'고 덤벼들기 때문이다. 생각 같아서는 손오공 분신술이라도 알려주고픈 안쓰러운 마음이다.

이러한 상황에서 새로운 일을 제안하기란 쉽지 않다. 꼭 했으면 좋겠지만 멤버들에게 미안한 마음에 쉽게 입이 떨어지지 않는다. 그러면 항상 지용이가 먼저 눈치를 채고 무슨 일이냐고 물어온다. 그리고 일명 '권 리더', '권 프로'다운 기지를 발휘한다. 지친 멤버들을 독려해서 '일을 하는 것'이 아니라 '함께 즐기는' 분위기를 만들어내는 것이다.

지용이는 정말 일에 관해서는 영락없는 프로다. 함께 일하는 사람들조차 그 분위기에 젖어들게 하는 완벽한 모습을 가지고 있다. 가지 많은 나무에 바람 잘 날 없다고, 아무리 손발이 척척 맞는 사람들이라도 각자의 의견을 하나로 모으기란 쉽지 않다. 특히 멤버나 스태프, 너나 할 것 없이 신경이 날카롭게 곤두선 날이면, 여지없이 지용이가 나타나 모든 상황을 정리한다. 그래서 나는 오늘도 까칠한 지용이의 말 한 마디 한 마디가 너무 고맙다.

— 방미란, YG엔터테인먼트 팬 커뮤니티 팀

"선생님, 이건 아닌 거 같은데요?"

빅뱅이 데뷔하기 전, 가요계는 일명 '소몰이 창법'이라 부르는 'R&B'가 대세였다. 따라서 대부분 가수들의 보컬 트레이닝 역시 R&B와 발라드 위주의 수업으로 흘러가고 있었다. 빅뱅 멤버들의 보컬 수업 역시 마찬가지였다.

그런데 어느 날, 지용이가 조심스레 '발라드는 아닌 것 같다. 우리는 트렌디한 노래를 해야 하는데, 수업 내용을 바꿔야 하는 것 아니냐'는 의견을 내왔다. 정식으로 데뷔한 것도 아니고 연습생이었는데 말이다. 순간 당황했지만 솔직히 녀석의 말이 맞았다.

옆에서 보기에도 살인적인 스케줄인데, 그것을 다 소화하면서도 꼬박꼬박 곡을 써오는 지용이를 볼 때마다 참 대단하다는 생각이 든다. '녀석을 가르치려면 정신 바짝 차려야겠다'는 긴장감이 절로 생긴다. 지용아, 나도 좀 쉬자….

가요계의 트렌드세터라 불리는 지용이가 어떤 곡으로 다음 앨범을 채울지, 나 역시 기대가 크다. 이러한 주변의 기대를 지용이 역시 잘 알고 있기 때문에 상당한 부담감을 느끼리라 생각한다. 하지만 자신이 옳다고 생각하는 것을 끝까지 밀고 나가는 굳은 신념과 음악에 대한 열정을 잃지 않는 한 지용이의 무한질주는 계속될 것이다.

— **최원석**, 보컬 트레이너

Stage 2

정직한 노력은
어디서나 빛난다

질주본능 태양

"뛰어오르세요. 제자리에 머물러 있는 건 매력적이지 않으니까요.
어제와 다른 오늘만이 희망찬 내일의 조건입니다.
그리고 그 희망찬 내일을 위해, 우리는 오늘도 오늘의 땀을 참아내는 것입니다.
소개합니다. 나의 부끄러움 없는 땀의 기록을."

태양
본명 동영배 **태어난 날** 1988년 5월 18일 **특기** 랩, 댄스, 비트박스, 노래, 영어, 일본어
＊솔로 1st 미니 앨범 〈HOT〉 발표

질주본능 태양 #1

내게 '운명'은 마치 '우연'인 것처럼 찾아왔다

짜릿한 '와일드 로드'를 향해!

고등학교 친구 중에 미친 듯이 게임을 좋아하는 녀석이 있었다. 정말이지 게임에 미쳤다고밖에는 그 아이를 다른 말로 표현할 방법이 없었다. 밤을 새워 게임을 하는 것도 모자라, 아침에 학교 오기 직전까지 PC방에서 게임을 하는 일도 다반사였다. 그냥 '좋아하는' 수준을 넘어서 그 녀석의 게임 실력은 초감각적이고 동물적이었다. 프로게이머 임요환이 그랬을까? 새 게임이 출시되면 가장 먼저 독파하고 버그까지 찾아내 자료를 만들어 돌릴 정도였다.

어느 날 그 녀석과 우연히 얘기를 나눌 기회가 생겼다. 지독한 연습생 생활을 계속하느라 학교에 가는 날보다 빠지는 날이 더 많았지만, 친구들과 이야기를 나누는 것만큼은 내 짧은 학창시절의 소중한 기억을 만드는 일이었기에 소홀히 하지 않으려고 노력했던 때였다.

"야 인마, 넌 꿈이 뭐냐?"

게임을 그렇게 좋아하고 더더군다나 운이 좋게도 지독하게 잘하기까지 하니, 그 열정과 실력에 걸맞은 대답이 나오길 기대하면서 나는 물었다.

"어? 아……. 거야 물론 PC방 주인이지! 그럼 돈 안 내고 실컷 게임 할 수 있잖아."

"뭐?!!"

물론 어디까지나 그 녀석의 꿈이니까 맞거나 틀린 정답은 없다. 하지만 그 녀석의 꿈이 좀 더 그럴듯한 것일 거라고 기대했던 나는 내심 기운이 빠지고 말았다.

'녀석…! 너라면 충분히 할 수 있는데, 왜 더 크고 멋진 꿈을 갖지 않는 거냐?'

하지만 난 녀석에게 차마 그 말을 건넬 수가 없었다. 그 아이에겐 그 아이의 인생이 있다. 그리고 스스로 선택했다는 것만으로도 충분히 존중받을 권리가 있다. 하지만 지금이라도 기회가 된다면 그 친구에게 용기를 내어 말해주고 싶다. "세계적인 프로게이머가 될 수도 있는 사람이 그렇게 작은 꿈을 꾸는 건 분명 큰 낭비고 위험."이라고.

'가수'라는 꿈을 구체화시키기 시작하면서, 나는 솔직히 학교가 재미없어졌다. 아니 정확히 말하면 학교 친구들이나 선생님이 싫어진 것이 아니라, 우리네 학교가 가지고 있는 '느낌'에 조금 실망했다는 편이 맞을 것이다. 목적과 의미 없이 반복되는 무의미한 학사 행정, 불합리하고 비효율적인 공부 방법, 부조리한 시스템에 대해 내심 불만도 많이 가졌던 것 같다.

하지만 무엇보다 참기 힘들었던 건, 그 안에 갇혀서 마치 내일이 없는 것처럼 '느릿느릿' 하루하루를 보내는 몇몇 친구들을 볼 때였다. 어린 내 눈에는 그 친구들이 '하루'라는 인생의 소중한 조각조각을 너무 허무하고 목적 없이 보내는 것처럼 보였다. 맛있는 거 먹고, 선생님들한테 찍히지 않으면 되고, 성적이 조금 오르면 기뻐하고, 자판기에서 음료 고르듯 별 고민 없이 진로를 고르고⋯.

나는 그 친구들과 함께 누리게 될지도 모를 '안정적인 미래'와 '행복한 일상'의 즐거움을 놓아버렸다. 그 놓아버림에 대해 언젠가 후회할 날이 올지도 모른다. 그렇지만 나는 그 미련을 뒤로하고, 좀 더 일찍 우물 밖으로 나오는 걸 선택했다.

조금은 지루하지만 친절한 표지판이 붙어 있는 안정적인 도로, 즉 남들이 '스탠더드(Standard)'라고 부르는 노란색 포장도로에서 벗어나, 나는 수풀이 우거지고 어디로 뻗어 있을지 모를 '와일드 로드(Wild Road)'

를 선택했다. 한 가지 길을 선택한 순간, 다른 길로 갈 기회는 없어졌다. 나는 친구들이 누리는 것을 누리지 못할 것이며, 친구들은 내가 누리는 것을 누리지 못할 것이다.

운명적인 '나의 꿈'과의 조우는 어느 날 갑자기 우연인 양 찾아왔다.

"이 주체할 수 없는 가슴 떨림을 어떡할 거야?"

누구나 인생에서 마치 영화의 한 장면처럼 선명하게 남아 있는 기억이 한두 가지씩은 있게 마련이다. 그 시절의 일상이나 친구들, 평범했던 나날의 기억들은 마치 푸르스름하게 빛바랜 물속 잔상처럼 희미하게 스쳐 지나가는데, 유독 어제 일어난 일처럼 선명하게 남아 있는 단 한 순간의 기억.

나는 그런 장면이 바로 인생에서 잊어서는 안 될 '중대한 씬(scene)'이라고 생각한다. 충격적인 체험일 수도 있고, 내 안에 스멀스멀 피어오르고 있던 열망이 폭발한 순간일 수도 있고, 새로운 인생의 커튼이 확 젖혀진 순간일 수도 있다.

내 인생의 첫 번째 중요한 '씬'은 우리 형의 방에서 일어났다. 지금도 내가 T.O.P 형 방에 몰래 들어가기를 좋아하는 건, 혹시 그날의 그 경험 때문은 아닐까 싶다.

책상 위에 떡하니 놓여 있던 형의 보물 1호 카세트 라디오. 여섯 살 무렵의 내게, 그것은 현실과는 다른 세계로의 여행을 가능케 해주는 신비한 문(門)이었다. 나보다 다섯 살 위인 형은 당시 초등학교 고학년이었는데, 음악에 유독 관심이 많아서 또래들에 비해서 선곡 기준이 까다로웠다. 지금은 뮤지컬 배우를 하고 있으니, 일찍부터 음악에 대한 취향이 남달랐던 것이다. 밤마다 헤드폰을 끼고 고개와 발끝을 까딱이며, 형이 듣는 노래. 나는 그게 너무나 궁금했다.

어느 날인가, 형이 자는 틈을 타 몰래 헤드폰을 끼고 카세트 라디오를 켰을 때, 나는 그 자리에서 굳어져 버리고 말았다. 흑인 음악의 세계로 입문시켜준 마이클 잭슨(Michael Jackson), 당대의 혁명가 서태지와 아이들의 음악에 나는 그렇게 처음으로 눈을 떴다. 어쿠스틱하고 발랄한 동요를 들어야 할 나이에, 그 대신 비트(bit)와 필링(feeling)이 나를 찾아온 순간이었다.

자연스럽게 나의 음악적 취향은 형의 계보를 따라 흘러가기 시작했다. 선배님들의 이야기를 들어보면 고등학생이나 대학생 형들의 취향을 따라 건즈 앤 로지즈(Guns N' Roses)나 딥 퍼플(Deep Purple)의 음악을 들으며 록과 헤비메탈의 본능을 깨웠다는 체험담이 많은데, 나 역시 그랬던 셈이다.

그 이후 밤을 새워 음악을 듣는 일도 잦아졌다. 낮엔 꼼짝없이 형이 카세트를 독점하고 있으니, 어쩔 수 없는 야간 자율학습이 이어진 것이다. 영어를 모르니 그 뜻이 뭔지도 모르면서, 스탠드 불빛에 의지해 랩 가사를 한글로(?) 소리 나는 대로 받아 적어 혼자 따라 부르기도 했다. 음악소리가 새어 나갈까봐 이불까지 뒤집어쓰고 말이다.

지금도 너무나 좋아하는 브라이언 맥나이트(Brian Kelly McKnight)의 R&B를 비롯해서, 소울, 팝, 로큰롤, 힙합까지 장르를 가리지 않고 다양한 음악을 섭렵했다. 특히 스티비 원더(Stevie Wonder)나 보이즈 투 맨(Boyz II Men)의 음악은 수백 번씩 반복해서 들어서, 나중엔 테이프가 다 늘어질 지경이었다.

그때까지만 해도 가수가 되겠다는 생각은 꿈에도 하지 못했지만, 음악이라는 DNA는 내 피의 절반 정도를 적시고 있었던 모양이다.

"형, 지누션 아역 좀 해볼래?"

초등학교 3학년 때, 잠깐 동안 이모님 댁에서 지냈던 적이 있다. 부모님 두 분 다 바쁘셨던 시기여서, 이모님께 잠시 맡겨진 셈이었다.

당시 함께 지냈던 이종사촌 동생이 연기학원에 다녔었는데, 낯선 동네라 혼자 놀기도 심심하고 별로 할 일도 없고 해서 친구 따라 강남 가는 식으로 덩달아 연기학원에 다니게 되었다. 열 살 무렵의 나는 숫기도 없고 부끄러움을 많이 타는 내성적인 아이였고, 당연히 연기에는 눈곱만큼도 관심이 없었다. 음악 듣기나, 피아노 치는 것 외에는 딱히 좋아하는 것도 없었고, 누가 "이다음에 커서 뭐가 되고 싶니?" 하고 묻기라도 하면, 얼굴이 벌게진 채로 그때그때 아무렇게나 둘러대곤 했다.

그러던 어느 날, 친구의 한마디가 내 인생을 송두리째 바꿔놓게 되었다. 연기학원에서 친하게 지냈던 친구가 있었는데, 나보다 한 살 어리긴 했지만 관심사도 비슷하고 성격도 잘 맞아 형제처럼 친하게 지냈던 녀석이었다.

"형, 오디션 안 볼래?"

"오디션? 무슨 오디션인데?"

"응. 지누션이라고…, 형 알지? 그 가수 아역인데, 내가 지누 역할에 합격했거든. 근데 션 역할을 할 아역이 한 명 더 필요하대."

지누션이라는 말에 귀가 번쩍 뜨였다.

"지누션 아역? 그게 뭘 하는 건데?"

"응. 그 형들이 나오는 뮤직비디오에서, 형들 어렸을 때 모습으로 나오는 거야."

그 친구는 그냥 지나가는 말로 '한번 해볼래?' 하는 식으로 권한 거였다.

하지만 그 순간, 내 머릿속에선 반짝! 하고 전류가 흘렀다. 다른 가수도 아니고, 내가 정말 좋아하는 지누션 형들이라니! 초등학생 나이에도 '형 또래들의 음악'에만 빠져 살던 내게, 지누션은 그야말로 숭배의 대상이었다. 가사나 랩, 춤 동작까지 완벽하게 암기하고 있으니, 나야말로 '준비된 아역'이 아닐 수 없었다.

연기학원에 다니는 친구들은 대부분 드라마나 광고 CF에 출연하는 걸 목표로 하기 때문에, 음악을 특별히 좋아하거나 특히 힙합 같은 장르의 음악을 즐겨 듣는 아이들이 별로 없었다. 춤이나 랩 같은 것에도 관심이 있을 리 없었다.

나는 생애 처음으로 무언가 강렬히 원하는 것을 움켜쥐기로 '결심'했다. 쭈뼛거리고 주저하면 영원히 다시 찾아오지 않을 기회였다. 숫기 없는 아이, 자신이 뭘 원하는지 잘 모르는 아이에서 '심장이 가리키는 방향을 향해 뛰어오르는 아이'로 변신한 순간이었다. 난 혼신의 힘을 다해 오디션을 준비했다. 동작을 익히고 랩을 다시 완벽하게 외우고, 션 형과는 전혀 다른 외모의 소유자였지만 표정까지도 똑같이 따라 하고, 마치 나 자신의 솔로 무대를 준비하듯 오디션을 준비했다.

그리고…, 나는 오디션에 합격했다. 당연한 결과였는지도 몰랐다. 비슷하게 생긴 아이는 찾을 수 있었을지 몰라도, 비슷한 끼와 열망을 가진 션의 축소판은 찾기 어려웠을 테니 말이다. 지금 돌이켜보면 그때부터 나는 '열정과 집념만 가진다면, 못해낼 게 없다'는 믿음을 갖게 된 것 같다. 연기학원에서 아무도 주목하지 않던 아이, 부끄럼 많고 뭐든 하나 잘하거나 돋보이는 게 없었던 아이는 그 오디션을 계기로 다시 태어났다.

기대에 차서 당도한 뮤직비디오 촬영 현장은 내가 경험하지 못했던 또 다른 세계였다. 음악을 좋아하고 듣는 것으로만 만족했던 나는, 직접 음악을 창조하고 표현하는 즐거움을 간접적으로나마 맛볼 수 있었다. 농구를 구경하는 것과 농구 코트에 직접 뛰어드는 것은 엄연히 다르다. 거침없이 사방으로 튀는 땀방울과 터질 것 같은 심장의 고동소리, 손을 대면 데일 것 같은 뜨거운 체온이 진짜다.

직접 뮤직비디오에서 입을 힙합 의상을 고르고 래퍼의 표정과 몸동작을 표현하면서, 나는 아티스트가 된다는 것의 즐거움, 그 짜릿하고 비릿한 공기를 살짝 들이마시고야 말았다. 비록 내 목소리가 들어가지는 않지만, 나는 정말 가수가 된 것처럼 조그만 손과 발과 입을 부지런히 움직였다. 그 순간 '가수'라는 운명적 영혼이 내 손과 발과 입을 통해 내 안으로 흘러들어간 모양이다.

그 전까지 내게 있어 '인생'이란 주어진 대로 착실하고 성실하게 걸어가다 보면, 언젠가는 발을 내딛게 될 미지의 세계였다. 남들이 물어볼 때마다 예의상 대답하는 나의 꿈은 '피아니스트'나 '음악 선생님'이었다. 어머니는 눈곱만한 재능을 보이는 내게 피아노를 사주셨고, 바이엘과 체르니 교본을 실력이 향상되는 속도에 맞춰 차근차근 공급(?)해주셨다. 그 전까지 내게 있어 인생은 그런 피아노 교습처럼 부모님 말씀 잘 듣고 착실하게 해나가면, 한 단계씩 올라갈 수 있는 계단과도 같았다. 저벅저벅 저 높은 곳으로 두세 계단씩 뛰어오르는 일 따위는 '소심한' 나로서는 상상도 할 수 없는 일이었다.

하지만 이 세상에는 '내가 만들어갈 수 있는 세계'가 있었다. 주어진 계단을 성큼성큼 올라가는 정도가 아니라, 내가 창조해내고 내가 만들어갈 수 있는 원더랜드(Wonderland)가 말이다. 그리고 그 세계의 문을 여는 것은 온전히 내 몫이었다.

나는 그날 뮤직비디오 촬영 순간의 가슴 두근거림을 뼛속 깊이 새겼다. 그리고 지금까지 한 순간도 그 느낌을 잊어본 적이 없다.

"사장님, 연습생 안 시켜주시면 저 어떻게 될지도 몰라요!"

뮤직비디오 촬영은 그렇게 내 인생의 두 번째 '씬'이 되었다. 나는 그 장면에서 다시 한 번 용기를 냈다. 그날 뮤직비디오 촬영 현장에 소속사인 YG엔터테인먼트의 양현석 대표님이 찾아오신 것이다. 평소 같으면 만날 수도, 당시의 나로서는 감히 똑바로 쳐다볼 수도 없는 '하늘 같은 분'이었다. 하늘이 내린 기회를 놓칠 수 없었다. 촬영이 끝나면 션 아역이라는 역할도 끝나고 YG와의 인연도 끝이 날 상황이라, 내 머릿속 어떤 회로가 '지금 움직이지 않고 가만히 있으면 안 된다'고 나를 조종했는지도 모른다.

나는 지누션 두 분과 얘기를 나누는 양 대표님 앞에 불쑥 나섰다. 젖먹던 힘까지 다 짜내 용기를 내었지만, 막상 그 앞에 서자 얼마나 긴장이 되던지 무릎에서부터 턱까지 그야말로 달달달 떨렸다.

"사장님, 저도 가수가 되고 싶습니다."

나는 떨리는 목소리로 '포부'를 밝혔다. 초등학생 꼬마애가 겁도 없이 말을 꺼냈으니 양 대표님 입장에서는 귀엽기도 하고 맹랑하기도 했을 것이다. 사장님은 희미한 미소를 지으며 한마디로 상황을 정리해주었다.

"조만간 연락할 테니 집에 돌아가서 기다려라."

지금 생각해보면, 촬영 현장의 열기에 들떠 순간적으로 내린 결정쯤으로 받아들이셨던 것 같다. 어린애가 허무맹랑한 요구를 하니 그냥 달래서 돌려보내셨던 것이다. 하지만 나는 그 '조만간'이라는 근거 없는 약속에 무한한 기대를 실은 채, 무작정 양 대표님의 호출을 기다렸다.

더할 것도 덜 것도 없이 딱 한달이 지났다. 내겐 10년이라도 되는 것처럼 긴 시간이었다. 더 이상 기다릴 수 없다고 판단한 나는 무작정 YG 사무실로 쳐들어갔다. 대표님과 약속도 정하지 않은 상태에서, 대표실 문을 열어젖히고 기습을 감행한 것이다. 그리고 당차게 물었다.
"사장님, 왜 연락 주겠다고 하시고는 아무 얘기가 없으세요?"

갑작스런 꼬마의 등장만으로도 당황스러운 일일 텐데, 꾸어간 돈 갚으라는 식으로 다짜고짜 따지고 들었다. 순간적으로 할 말을 잃은 양 대표님은 할 필요도 없는 사과까지 하셨다.
"어? 어 그래, 너… 니구나. 아… 미안, 내가 바빠서 말이야."
나는 그 빈틈을 놓치지 않았다.
"그럼 연습생 시켜주시는 건가요?"

마음을 가다듬은 양 대표님은 흔쾌히 '하라'고 허락하셨다. 내 재능이나 끼보다 용기가 가상했던 모양이다. 나중에 양 대표님은 당시의 느낌을 이렇게 말해주셨다.

"처음에는 어린애가 와서 그렇게 얘기하니까 그냥 나중에 연락을 주겠다고만 한 거였는데, 정말 이 꼬맹이가 사무실까지 찾아와서 왜 연락 안 했느냐고 따지더라고. 깜짝 놀랐지. 잠깐 당황해서는 '바빠서 연락을 못 했다'고 미안하다고 했는데…. 어쨌든 어린 친구가 그렇게 용감하게 문을 열고 들어온다는 게 쉽지 않았을 텐데, 용기가 가상해 보이더라."

그렇게 해서 나의 YG 연습생 생활, 그 아프고 신나는 6년의 시간들이 시작되었다.

"네가 선택했다면, 책임지는 것도 오로지 네 몫이야!"

다른 집도 어디나 다 비슷비슷하겠지만, 우리 부모님도 형이나 내가 커서 의사나 판사, 교수 같은 그럴듯한 직업을 갖길 바라셨다. 하지만 형과 나 모두 하라는 공부보다는 음악에 관심이 더 많았다. 부모님은 그나마 1순위 직업을 가질 수 없다면 피아니스트나 음악 선생님이 되는 걸 원하셨고, 나 역시 그런 부모님의 기대가 곧 나의 희망사항인 양 생각했던 적도 있었다.

착실하게 부모님 말씀에 순응하던 아이가 어느 날 갑자기 '기획사 연습생'이 되겠다고 하니, 부모님은 많이 놀라셨다. 예술이나 예능 분야가 정말로 그렇게 좋다면, 가수가 되는 것보다는 차라리 연기자가 되는 것이 '안정적'이지 않겠냐고 나를 설득하셨다.

어느 것 하나 쉬운 분야가 있을 리 없지만, 최소한 '가수'라는 꿈은 '내가 잘하고 싶고 잘할 수 있는' 일이었다. 나는 처음으로 부모님의 말씀을 거스르고, 내 고집을 실현하기 위한 계획을 세웠다.

내가 부모님을 설득한 방식은 집을 뛰쳐나가거나 밥을 굶거나 말을 하지 않는 반항적인 형태가 아니었다. 내 꿈을 이루는 것도 중요하지만, 관계를 망가뜨리고 다른 사람에게 상처를 주면서 그 길을 가고 싶지는 않았다. 고맙게도 최소한 우리 부모님은 꽉 막힌 담벼락 같지는 않으셨다.

심부름을 모조리 도맡아 하고, 청소는 기본이고, 부모님이 시키지 않아도 뭔가 해드리면 좋아하실 만한 일들을 찾아서 했다. 앞으로 연습생이 되고 가수가 되더라도, 착하고 성실한 아들의 모습은 잃지 않겠다는 무언의 약속이었다. 그리고 틈나는 대로 될 수 있는 한 가장 진지하게 나의 마음을 전달했다.

혹시라도 부모님의 강한 반대에 맞닥뜨려 힘겨운 순간을 보내고 있는 사람이 있다면, 내 경험을 나누고 싶다.

내가 간절히 원하는 것이 있는데 주위 사람과 의견이 다를 때, 뿌루퉁한 얼굴로 입을 닫아버리면 설득할 기회는 영영 달아나버린다. 내 머릿속에는 분명 어떤 생각이 있고 확신이 있는데, 아직 어리거나 경험이 적어서 딱히 뭐라 설득할 말이 떠오르지 않을 때가 있을 것이다. 그때 그냥 포기해버리거나 '부모님은 나를 이해 못한다'고 돌아서면 영영 설득의 기회는 오지 않는다. 그렇게 되면 오해와 상처만 남은 채 서로가 서로의 생각을 영원히 이해하지 못하고, 나의 꿈을 지원해줄 든든한 후원군 하나를 잃게 된다. 그게 내가 그때 느낀 점이었다. 충돌하지 말고 부모님의 진짜 속마음을 헤아리면서, 조용한 목소리로 설득하는 것. 그것이 내가 생각한 해법이었다.

결국 보름 정도 설득했을 때, 부모님은 드디어 허락을 하셨다. 단, 거기에는 단서가 붙어 있었다.

"그래, 네가 그렇게 정말 원한다면, 하고 싶은 것을 해라. 하지만 네가 선택한 것이니까, 네가 끝까지 책임져야 해. 한 번 시작하면 반드시 끝을 봐야 한다. 네가 거기서 실패를 하든 좌절을 하든, 나중에 핑계를 대거나 엉뚱한 소리를 하는 건 용납 못한다."

그리고 또 한 가지 조건이 있었다. '연습생 활동을 한다는 핑계로 학교생활을 소홀히 하지 말 것'. 특히 '현재 수준의 성적을 유지하라'는 것.
부모님과의 그 약속과 함께, 나는 내 '꿈의 와일드 로드'에 본격적으로 접어들게 되었다.

컴컴한 터널 속에서 독기를 품고 단단해지다

　초등학교 6학년 때부터 중학교 3학년 때까지 4년 동안은 의정부에 있는 집과 학교, 그리고 홍대 앞 연습실을 매일 오가며 학교생활과 연습생 생활, 그리고 둘째 아들 노릇을 겸해야 했다. 모든 것이 막연했지만, 뭐가 뭔지 잘 몰랐던 때여서 힘든 줄도 몰랐고 마냥 신나기만 했다.

　나중에야 하신 말씀이지만, 내가 그 먼 길을 죽어라 오가는 것이 어머니가 보시기엔 기가 찰 노릇이었단다. 그것도 하루도 빠짐없이, 불평 한 마디 없이 말이다. "그렇게 하고 싶으면 한번 해봐." 하고 마지못해 허락은 하셨지만, 안쓰러워서 가슴이 저린 적이 한두 번이 아니었다고 요즘도 눈시울을 적시신다.

　연습생으로 산다는 것은 많은 사람들이 상상하듯 '완전 재밌는' 그런 경험은 아니다. 땀 흘리며 내가 하고 싶은 연습만 하면 되니까 행복했다고 말한다면 거짓말일 거다. 하루하루가 불안하고, 내 처지가 처량할 때도 많았다.

　하지만 그런 때에도 나는 '연습생이란 다 그런 거야', '힘들지 않다면 그게 더 이상하지' 하고 마인드컨트롤을 하면서 견뎠다. 사실 그 방법밖엔 달리 할 수 있는 게 없기도 했다.

　빅마마 누나들의 말처럼 '연습생들은 뭘 해도 서럽다.' 아무도 신경 써 주지 않고 대부분의 시간 동안 '방치'되는 느낌이다. 어떤 때는 아무것도 모른 채 무작정 기다려야 하고, "몇 년 몇 월 며칠까지 이것 저것 요것만 연습하면 그 다음엔 가수가 되는 거야." 하고 알려주는 사람도 없다. 내일의 계획도, 미래의 그림도 알 수 없으니 오로지 할 수 있는 거라곤 그저 '열심히 하는 것'밖에 없다.

연습생인 나는 그래서 더 많이 더 오래 참아야 했다. 나 자신을 믿고 모든 것을 긍정적으로 생각하는 것밖엔 방법이 없었다. 마치 무협영화에 나오는 노스승의 제자처럼, '언젠가 나 스스로 일어설 수 있을 때까지' 더 강해져야 했다. 준비하는 사람의 마음가짐이란 그것밖에 없는 것 같다. 그래서 힘들 때마다 속으로 중얼거리면서 마음을 강하게 먹게 했던 세 가지 약속이 있었다.

'좌절하기 없기', '포기하기 없기', '삐딱하게 생각하지 않기'.

나 스스로와 한 약속이었다.

"좌절한다고 달라지는 건 아무것도 없어"

어느 날 학교에 있는데 사무실에서 전화가 왔다.

"영배야, 스케줄이 꼬여서 네가 대신 무대에 서야겠다. ○○전철역으로 당장 와."

연습생 시절, 가끔 선배님이 출연해야 하는 무대에 대타로 들어가게 되는 경우가 있었다. 전화를 받고 행사장으로 부랴부랴 달려갔다. 마침 기말고사 기간이어서 수업을 빠지지는 않아도 됐지만, 문제는 다음 날에도 시험은 계속된다는 것이었다.

무대에 올라갈 수 있는 기회란 그리 흔한 일이 아니다. 나는 만사를 제쳐두고 행사장으로 달려갔다.

그런데 전철역에 도착해서 전화를 걸었더니 사무실 식구 누구도 받지를 않았다. 아마 행사 준비 때문에 경황이 없어 그랬던 모양이다. 결국 이러지도 못하고 저러지도 못하고 길거리에서 다시 연락이 되기만을 마냥 기다렸다. 그렇게 서너 시간쯤 지났을까? 겨우 매니저 형에게 연락이 닿았다.

"형, 저 ○○전철역 앞인데요. 지금 계속 기다리고 있어요."

그랬더니 형은 깜짝 놀랐다.

"뭐? 아직까지 기다리고 있었다고?"

"네."

이어지는 형의 말은 실망스러운 것이었다.

"행사는 벌써 끝났어. 너 안 오는 줄 알고 그냥 빼고 갔단 말이야. 무대 끝난 지가 언젠데. 다시 연습실로 돌아가."

어딜 가든 연습생이란 운반 중에 흘려도 다시 줍지 않는 짐 덩어리나 다름없다. 뭘 잘하게 될지도 모르고, 가르치느라 힘들인 노력 모두를 그냥 한 번에 날려버릴 수도 있는, 그야말로 다듬어지지 않은 돌덩어리. '나를 좀 인정해주세요!' 하고 부르짖거나 허약한 푸념을 할 시간이 있으면 차라리 노래 한 곡, 춤 한 번 더 연습해 실력을 쌓는 편이 낫다.

나는 이 기다림이 가지는 '긍정적인 면'을 열심히 찾아내기 시작했다. 다행히 다음 날의 시험은 대부분 암기 과목 위주였다. 어차피 전화가 되기까지 기다려야 하는 서너 시간 동안, 나는 틈틈이 시험공부를 했었다. 사람들이 많은 곳에서 집중해서 외웠더니 머릿속에 더 쏙쏙 들어오는 기분이었다. 나는 또다시 스스로를 타일렀다.
  '다행히 그 시간 동안 시험공부를 한 덕에 이젠 돌아가서 연습을 더 오래 할 수 있다. 춥고 배고프고 조금 서럽긴 하지만, 뭐 이 정도면 괜찮은 상황 아니야?'

데뷔 전까지의 시간들은 나 자신을 단단하게 만들어가는 담금질의 기간이었다. 무쇠가 될 때까지 불에 달구었다가 망치로 땅땅 내리치고, 다시 찬물에 넣어 '푸식~' 하고 식혔다가 다시 달구는 시간….

무릎이 꺾이는 일은 있어도, 좌절하고 앉아 있을 시간은 없었다. 칭찬이나 격려는커녕 무관심과 무시 속에서도 계속 낙관하고 계속 긍정하면서 실력을 쌓는 게, 연습생의 가장 중요한 임무니까 말이다.

사람은 정확히 자기가 선택한 만큼만 성장한다

양현석 대표님은 "우리는 가수를 만드는 게 아니다. 너희들이 가진 것을 꺼낼 수 있도록 도와주는 것뿐이다." 하는 얘기를 자주 하신다. 그런데 연습을 하다 보면, 그 말의 진정한 의미를 깨닫게 되는 순간이 많다.

나는 취미 생활을 하러 연습생이 된 것이 아니었다. 이 연습생 과정 동안 정말 충실하고 단단하게 성장해서, 결과를 보여줄 수 있는 직업인이 되고자 하는 것이다. 내가 가려고 하는 길은 내 인생을 건 일이자, 냉정한 비즈니스다. 당연히 과정 따위는 별로 중요하지 않다. '열심히 했는데도 왜 알아주지 않는 거야.' 하는 어리광은 통하지 않는다. 누구나 다 열심히 한다. 골절 한 번 안 당해본 사람이 없고, 편한 잠 다 자고 쉴 것 다 쉬어가며 하는 사람 없고, 춥고 배고파도 한다.

일이고 비즈니스이기 때문에, 훈련 과정의 피드백 또한 냉혹하고 냉정하다. 실력에 대한 평가를 객관적으로 냉정하게 받아들일 준비가 돼 있지 않으면, 그 어떤 일에서도 성공할 수 없다고 생각한다. 물론 사람이니까, 감정이 있는 동물이니까, 비판을 들으면 기가 죽거나 주눅이 든다. 그 순간에는 정말 울고 싶을 정도로 비참하다.

〈리얼다큐 빅뱅〉을 찍을 때부터 화제가 되었던 이야기가 있다. 다큐멘터리를 안 보신 분들도 있을 테니 설명하자면, 이렇다.

2006년 6월에 있을 멤버 선정을 두고 매일같이 모니터링과 피드백이 이어지던 그해 5월의 일이다. 어느 날 갑자기 양현석 대표님이 연습생들을 소집했다. 전날 제출한 연습 동영상을 다 검토하신 모양이었다.

양 대표님은 다짜고짜 내게 물으셨다.

"영배하고 지용이(G-Dragon) 하고는 연습한 시간이 비슷하지 않냐? 그런데 영배가 더 노래를 잘할 거라고 생각했는데, 어? 갑자기 지용이가 막 노래를 치고 올라오네? 어떻게 된 거냐, 영배야? 잘해야지. 영배 너는 너의 가장 큰 문제가 뭐라고 생각하냐?"

나는 그 즈음 고민하고 있던 것을 대답했다.

"네, 저만의 느낌이 아직 많이 부족한 것 같습니다."

그랬더니 양 대표님이 충격적인 말씀을 하셨다.

"내가 보기에는 너만의 느낌은 아주 충분해. 필링은 아주 좋아. 뭐가 안 되냐면 음감이 많이 떨어져. 아주 큰일이야. 내가 너한테 문제점이 뭐냐고 물어본 이유는, 자신이 자기 문제점을 모르면 절대 고칠 수 없기 때문이야. 넌 계속 그 자리야. 영배 너는 실력이 확연히 늘지 않고 있어. 너 2년 전에도 이만큼 했어."

쇼크였다. 2년 전에 비해 전혀 변화가 없을 정도로 내가 정체돼 있다니. 열심히 하는데 왜 늘지 않는 걸까?

그때 양 대표님이 승리 쪽을 향해 피드백을 주시면서 마지막 비수를 던지고야 말았다.

"작은 승현이(승리), 너의 문제점은 기본이 부족하다는 거야. 너 계속 그렇게 연습하면 영배처럼 된다!"

영.배.처.럼.된.다!!!!!

정말 창피했다. 쥐구멍이 있다면 숨고 싶었다. 6년이나 열심히 준비했는데, 기껏 동생들에게 '그렇게 하면 영배처럼 된다'는 말이나 듣게 하다니…. 그 순간에는 정말이지 꽉 죽고 싶은 심정이었다.

하지만 나는 그날 저녁 절망을 선택하는 대신, 연습실에서의 밤샘을 선택했다. 그래서 나는 양 대표님이 무서우면서도 존경스럽다. 연습생들의 어디를 찔러줘야 눈에 다시 생기가 돌아 열심히 뛰게 되는지 귀신같이 안다. 그런 멘토(Mentor)가 있다는 게 눈물겹도록 고맙다.

비판이나 꾸지람을 들을 때 감정이 다치는 건 당연하다. 하지만 똑같은 자극을 받아도 그것을 에너지원으로 사용하는 사람이 있고, 사약 받듯 마시고 자폭해버리는 사람도 있다. 결과에 대해 스스로가 가장 냉정하게 평가하고 있다면, 주위의 엄격한 피드백보다 나 스스로 결과를 내지 못한 것이 더 힘들고 아파야 옳다. 문제가 무엇인지 알고 나면, 해결은 오히려 간단해진다.

지용이는 놀리듯 "영배는 다른 사람이 뭔가 하나의 문제점을 지적해주면, 숙소에 돌아가서 그것에 대해 백 번은 다시 물어봐요." 하고 말한다. 정확히 말하면 그건 내가 소심해서가 아니라, 완벽주의자이고자 하기 때문이다.

나는 지적을 받고 기분이 나빠지거나 우울해지면, 문제에 다시 집중해서 그것을 조각조각 나눠서 하나씩 살펴본다. 우울해지는 이유는 보통 불안하기 때문인데, 그 불안의 원인을 찾아보는 것이다. 상황 안에 나를 두지 않고, 마치 제3자가 된 것처럼 그 상황을 하나하나 분석한다. 그렇게 객관적으로 상황을 바라보기 시작하면, 아주 추상적이고 거대해 보이기만 했던 문제들이 조금씩 해체되어간다. 그럼 그 문제를 해결할 가장 중요한 고리가 되는 부분이 툭! 하고 나타난다.

내가 무언가에 골몰해 있거나 침울해 보일 때는 좌절하고 있는 것이 아니라, 문제를 해석하고 있는 것이라 이해해주기 바란다. 문제 해결의 방법을 제대로 파악하지 못하면 엉뚱한 방향으로 노력을 하게 되거나, 쓸데없이 시간과 노력을 낭비하게 되니까 말이다.

될수 있는 한 가장 크고 높은
꿈을 가지세요.
꿈이란 모두에게 공평하게 주어진
기회니까요.

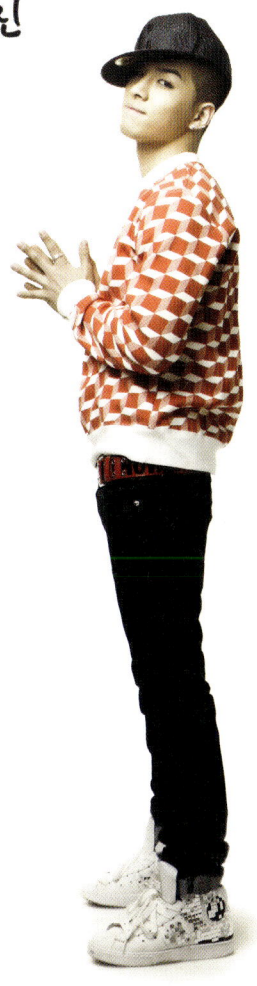

삐딱한 시선으로는 아무것도 포착할 수 없다

'좌절'과 '포기'라는 단어를 내 사전에서 몰아낸 다음, 내가 가장 중요하게 생각한 부분은 사물이나 현상을 절대 삐딱하거나 냉소적으로 바라보지 않는 것이었다.

삐딱한 자세로는 그 어떤 날아오는 공도 잡아챌 수 없다. 그것이 공격의 공이든 비판의 공이든 지적이라는 이름을 가진 공이든, 공손한 태도로 그것을 받아서 내 성장의 자양분으로 삼아내는 방법밖에 없다. '비뚤어질 테다!' 하는 마음가짐으로는 연습생 생활을 견뎌낼 수가 없다. 어마어마하게 쏟아지는 비난과 질책을 에너지로 바꿔 써도 모자랄 판에, 그걸 삐딱하게 받아들이기 시작하면 도저히 감당이 안 된다. 삐딱한 마음이 슬그머니 올라올 때도 그것을 참고, 한 시간만 지난 다음 다시 그 상황에 대해 곰곰이 생각해보면 전혀 다르게 보일 것이다. 이건 내가 체험해봐서 잘 안다.

삐딱하게 굴거나 무턱대고 대드는 것도 문제지만, 굳은 표정으로 아예 귀를 닫아버리는 것 역시 전혀 도움이 안 된다. 감정을 앞세워봤자 나한테 돌아오는 건 거울에 반사된 똑같은 감정적인 피드백뿐일 테니까 말이다.

연습생 시절을 돌아보니, 이런저런 외로움과 서러움을 극복하는 것은 내게 중요한 훈련이었다. 험하다면 험하고 살벌하다면 살벌한 프로의 세계에 자기 자신의 온몸을 내던져야 하기 때문이다. 대중에게 쉽게 상처

받지 않고 그 속에서 단단하게 살아남는 법, 먼저 적극적으로 다가가 자신을 어필하는 법, 죽기 살기로 목표에 달려드는 태도 같은 것들은 연습생일 때 단련시켜두어야 했다.

존재 자체가 희미했던 한 연습생이 컴컴한 터널을 빠져나와 세상의 빛을 보고 무대 위에 올라 스타가 되는 것은, 쑥과 마늘만 먹으면서 버틴 곰이 드디어 인간이 된 심정과 비슷할 것이다. 더욱더 멋진 모습으로 세상에 나오려면, 우선 동굴 속에서 더 열심히 갈고닦아야 한다.

하지만 나를 갈고닦는 데도 방법이 있다. 잘못된 방향으로, 방향성 없이 부지런을 떠는 것은 게으른 것보다 오히려 더 나쁜 결과를 가져오기도 한다.

나에게 연습생 시절은 나의 십대를 온전히 바쳐 일군 소중한 자산이다. 정말이지 그때는 눈에 불을 켜고 '열심히 하겠다'는 생각밖에 없었다. 기회는 오직 단 한 번. 여기서 못하면 집으로 돌아가야 한다. 선배들에게 야단맞고 지적받는 것은 절대 부끄러운 일이 아니었다. 오히려 그때 실력을 쌓지 못해서 나중에 후배들에게 추월당하고 무시당하는 것이 더 부끄러운 일이다.

인생에서 십대 이십대는 평생을 가져갈 자산을 만드는 시기라고 생각한다. 그 누구도 우리의 시행착오나 잠시 동안의 실패를 손가락질하지 않는다. 할 수 있는 건 모두 해보고, 빛날 수 있는 가장 반짝이는 모습으로 살자! 그 다짐이 오늘도 나에게 새로운 에너지를 불어넣어준다.

질주본능 태양 #2

외나무가 아니라
숲을 이뤄 함께 가라

하나라도 더 배우고 싶어 하는 사람이 되자!

　연습생 시절부터 나는 형들이나 선배들로부터 뭔가 하나라도 더 배우려고 애를 썼다. 주어진 일이나 연습 과제만 하는 것이 아니라, 조금 더 눈을 크게 뜨고 주변에서 배울 것은 없는지 찾으려고 노력했다. 그래서 한 번이라도 더 물어보고 하나라도 더 배우려고 했다. '배우는 일'이야말로 나의 가장 큰 에너지원이다. 세상에 알아야 할 것, 배워야 할 것이 많다는 게 굉장히 신난다. 연료탱크를 가득 채우고 포인트를 쌓는 기분이랄까? 좋은 것을 배우고 나면 그것을 내 것으로 만들 수 있으니까 말이다.
　고맙게도 YG에서 나를 키워주신 선배님들은, 내 안에 있는 걸 너무나도 잘 끄집어내주시곤 했다. 좀 어렵고 더딜지라도 그냥 편하게 '답을 손에 쥐어주었던' 경우는 한 번도 없었던 것 같다. 내 몸으로, 내 노력으로 익힌 감각만이, 끝까지 갈 수 있고 더 발전할 수 있는 단단한 토양이 된다는 걸 알려주고 싶으셨던 것이다. 물고기를 주기보다 물고기 잡는 법을 가르쳐주고, 기초부터 차근차근 한 단계도 그냥 건너뛰는 일이 없도록, 단단하게 다져주시려고 했던 것이다.

뭔가 하나라도 더 배우고 싶어 하는 사람이 된다는 것, 그것은 단순히 '태도'의 문제만은 아닌 것 같다. 진짜로 배우고 싶은 게 많아야 하고 열망이 강해야 한다. 꼭 말로 표현하지 않아도, 배우고 싶은 게 많은 사람은 옆에서 그게 다 느껴진다. 그런 사람에게는 하나라도 더 알려주고 싶고 더 지적해주고 싶어진다. 결국 자신의 능력을 쌓아나가는 데 무척 유리한 조건을 가지게 되는 것이다.

생각해보면 학교도 마찬가지다. 선생님들이 칭찬하고 예뻐하는 친구들을 보면 대개는 늘 철저히 준비하고 질문도 많이 한다. 언제나 준비되어 있다는 걸 보여주는 것이다.

숫기 없는 농담과 따뜻한 말 한 마디의 힘

나는 사람들을 관찰하는 것을 좋아하는데, 그러다 보니 소소하게 챙기고 신경 쓰는 것을 즐기는 편이다. 눈치가 빠르다기보다는 두루두루 걱정이 많아서, 이 사람 저 사람 챙기면서 혼자 안심하고 뿌듯해 하는 스타일인 것 같다.

주위 사람들과 그냥 잘 지내기는 쉽다. 적당한 선을 그어놓고 거기까지만 거리를 유지하면서 지내면 된다. 애써 더 다가갈 필요도 없고, 상대방이 내 경계선 안으로 들어올 염려도 없다. 하지만 결국엔 필요할 때 내 편이 되어줄 사람이 아무도 없어 외로워진다.

그냥 웃고 떠들고 재밌게 지내는 것 말고 진짜 속마음을 열어 보여주고 고민을 나누는 사이가 되려면, 서로의 노력이 필요한 것 같다. 숫기 없는 농담 한 마디라도, 관심이 있고 진심이 있어야 건넬 수 있는 것이니까. 진심으로 걱정해주고 결정적인 순간에 편이 되어주는 것 역시 일상 속의 소소한 배려가 깔려 있어야만 가능한 것 같다.

나는 오랜 연습생 생활 끝에 얻은 부지런함과 싹싹함(?)을 바탕으로 사무실 식구들 생일을 챙기거나, 마음 관리용 레이더를 세워 '혹시 무슨 일 있는 건 아닌가' 하고 슬그머니 물어보기도 한다. 누군가가 헤어스타일을 바꿨다거나, 평소와는 다른 안경을 쓰고 왔다거나, 얼굴빛이 좀 안 좋으면, 꼭 한 마디라도 아는 척을 하고 넘어가야 속이 편하다.

"누나, 머리 정말 잘 어울려요."

"와! 그 안경 정말 예쁘다."

"형, 힘내요."

누군가의 작은 변화를 알아차리고, 좋은 말로 마음을 나누다 보면 서로에게 더 든든한 지원군이 되고 힘든 일도 더 잘 풀리는 것 같다. 숫기 없는 농담과 따뜻한 말 한 마디만으로도 사람과 사람 사이는 훨씬 가깝고 따뜻해진다. 진심이 듬뿍 담긴 따뜻한 한 마디는 추운 겨울밤에 마시는 코코아 맛이랄까?

그런 나에게도 요즘 한 가지 고민이 있다. 가능하면 주위 사람들에게 싫은 소리를 잘 안 하는 편인데, 요즘 들어서는 '무조건 좋은 얘기만 해주는 것만큼 무책임한 일도 없다'는 생각이 자주 든다. 최대한 상대방이 상처받지 않게 얘기하는 것도 중요하지만, 진짜로 상대방을 아끼고 걱정한다면 중요한 얘기는 확실히 알아듣도록 단호하고 진지하게, 가끔은 상처를 좀 받더라도 따끔하게 얘기해주어야 한다. 얼마 전 그 점을 크게 반성했던 일이 있었다.

한 번은 지나가다가 후배가 춤 연습하는 것을 보고 몇 가지 잘못된 점을 발견했다. 저렇게 계속 하다가는 잘못된 습관이 몸에 익어 나중엔 훨씬 더 고치기 어려워질 게 뻔했다. 그보다 더 위험한 건 부상을 입을 수도 있다는 사실. 나는 고심 끝에 그 친구에게 얘기를 건넸다.

"연습하는 거 보니까, 정말 잘하네." 그렇게 운을 뗀 후 '이건 이렇게 잘하고 저건 저렇게 잘하고…' 하면서 한참 칭찬을 늘어놓았다. 그러고는 맨 마지막에 지나가는 말처럼 한 마디 덧붙였다.

"그런데, 마지막 동작은 그렇게 하면 다칠지도 모르니까 조심해."

사실 내가 정작 그 친구한테 해주고 싶었던 얘기의 핵심은 바로 이것이었다. 그런데 혹시 상처받을까봐 걱정이 돼서, 제일 중요한 얘기를 뭉뚱그려 이야기하고 말았다. 그렇게만 얘기해도 알아듣겠지 하고 생각해 버린 것이다.

그런데 며칠 후에 그 친구가 진짜로 그 동작을 하다가 팔을 다치고 말았다. 그 친구가 내 얘기를 무시해서 그렇게 된 게 아니라, 내가 좀 더 강조해서 얘기하지 않았기 때문이었다. 따끔하게 주의를 주었어야 했다. 가장 중요한 문제였는데도 좋은 게 좋은 거라고 대충 넘어갔으니, 내가 정말 무책임했다.

지금은 팀 내 최고의 잔소리꾼이 되었지만, 그래도 최대한 조심해서 말하려고 노력한다. 사람의 마음결은 다 달라서, 나처럼 질긴 가죽인 사람도 있고 반대로 쉽게 상처 나는 실크 같은 사람도 있으니까. 하지만 잠깐 기분이 상하는 것보다 중요한 게 있다. 지금 당장이 아니라 나중까지 생각했을 때 상대방이 꼭 알아야 하는 것만은 확실하게 전달하는 일이다.

내가 가진 것은 50뿐, 나머지는 주위 사람들이 채워준다

YG 연습실 곳곳에는 '연습생 지침 조항'이 붙어 있다. 내가 연습생으로 처음 들어왔던 8년 전에도 있었는데, 시간이 지나면서 내용이 조금씩 바뀌기는 했지만 여전히 연습생들의 룰이자 행동지침이 되고 있다. 맨 윗줄에 가장 큰 글씨로 쓰여 있는 연습생 지침 제1조는 바로 이것이다.

"가수가 되기 전에 먼저 사람이 되어라."

실력이나 재능이 얼마나 뛰어나든, 우선 사람이 되어야 가수가 될 수 있다는 양 대표님의 철학이다.

그리고 그 아래에는 '사람이 되는(?)' 몇 가지 방법들이 나오는데, 시간 약속 잘 지키기, 인사 잘하기, 청소 잘하기 같은 누구나 당연하다 생각하지만, 소홀히 하기 쉬운 것들이다. 처음에는 '그냥 그런가보다' 하고 스쳐간 말이었는데, '사람이 되어라'라는 말은 곱씹을수록 진리(!)였다. 왜 가수가 되기 전에 사람이 되어야 하는지, 나는 8년이나 지난 이제야 조금씩 눈치 채는 중이다.

내가 가진 것은 많아야 50뿐이다. 나머지 50은 주위 사람들과 함께 채워나가야 한다. 물론 남들이 나의 부족한 부분을 채워주는 것만큼, 나도 사람들에게 도움을 주어야 한다. 받은 만큼 돌려주는 것은 당연하고, 받은 것보다 더 많이 줄 수 있다면 그것은 더 큰 행복이다.

그러니까 저 혼자 아무리 잘났어도 주위에 50을 채워줄 사람이 없다면 결국 50점짜리일 뿐이다.

인간관계에 '나머지 50'이 있다는 사실을 나는 솔로 앨범을 만들 때 크게 절감했다. 아직 혼자서 할 수 있는 게 별로 없어서 그렇겠지만, 만약 주위 사람들의 도움이 없었다면 그런 앨범을 만들 수 있었을까 싶다. 나에게 훌륭한 멘토와 좋은 동료들이 있다는 것이 얼마나 놀랍고 감사한 일인지 시간이 갈수록 더 깊이 깨닫게 된다.

칭찬에는 더 긴장하고 비난은 더 기쁘게 받아라

내가 가장 좋아하고 존경하는 스타 중의 하나가 농구선수 마이클 조던(Michael Jordan)이다. 그는 타고난 농구 천재이기도 하지만 엄청난 노력가로도 잘 알려져 있다. 오래 전 책에서 읽은 이야기인데, 거기 나온 그의 말을 오랫동안 적어두고 기억하고 있다.

"나는 칭찬을 듣고 나면, 무조건 농구 코트로 달려가서 자유투를 300개 이상 연습했다. 그래야만 마음 편하게 잘 수 있었다."

처음에는 이해가 안 됐다. '농구의 신'으로 추앙받는 그에게 칭찬이나 환호는 어쩌면 당연한 것 아닌가? 비난이나 질책도 아니고, 고작 칭찬 한 마디에 왜 그렇게까지 자신을 괴롭히는 것일까?

그런데 요즘에는 칭찬이 더 무섭다는 것을 조금은 실감한다. 누구나 칭찬이나 찬사에 너무 익숙해지면 방심하거나 나태해질 수 있다. 마이클 조던 같은 완벽주의자가 칭찬 한 마디에 더 불안해 했던 것은 당연한 일이다. 조금이라도 흔들리거나 나태해질까봐 걱정이 돼서 더더욱 연습에 매달릴 수밖에 없었을 것이다. 누가 봐도 농구 천재인 그조차도, 칭찬에 자만하지 않으려고 스스로를 채찍질했다니…. 나는 그 얘기에 정말 감동을 받았다. 자기 자신에게 그렇게 철저하다는 이야기는, 그만큼 정직하고 집요하다는 뜻이 아닐까? 내가 마이클 조던에게서 배우고자 하는 점은 바로 그런 집요함이다.

마이클 조던처럼 항상 맨 앞에서 1등으로 달려야 하는 사람은 훨씬 더 초조하고 불안할 것이다. 앞에는 따라잡아야 할 선두주자가 없고, 사방에서 어떤 경쟁자가 어떤 모습을 하고 튀어나올지 모르는 긴장의 연속이다.

얼마 전에 TV에 나온 발레리나 강수진 선생님도 비슷한 얘기를 했다.
"매일 열 시간씩 연습을 하면 항상 아침마다 온몸이 아파요. 어떤 날은 다리가 아프고, 그 다음 날은 허리가 아프고, 그 다음 날은 어깨가 아파요. 그런데 어느 날 아무 데도 아프지 않은 아침을 맞게 되면 덜컥 겁이 나요. 어제는 내가 운동을 소홀히 했구나 싶어서요. 그러면 그날은 훨씬 더 강도 높은 훈련을 하게 돼요. 온 마음을 다해서 연습을 하죠. 그게 일생 동안 습관이 되었어요. 그래야 마음 편하게 잘 수 있어요."
혹독한 연습 때문에 거의 개구리 발 모양으로 기형이 되어버린 강수진 선생님의 발 사진이 한동안 사람들의 관심을 끌었는데, 이 얘기를 듣고 나니까 이해가 됐다. 이런 이야기를 들을 때마다 마음을 다잡고 숙연해진다.

YG 연습생들은 워낙 사자새끼(?)처럼 키워지기 때문에, 혼나고 꾸중 듣는 일에 익숙한 편이다. 칭찬이라든가 박수는 오히려 당황스럽다. 양 대표님은 언제나 우리에게 이렇게 말한다.

"칭찬은 독(毒)이고, 비난은 칼날이다."

어릴 때부터 정말이지 이 이야기를 귀에 못이 박히도록 들었다. 칭찬은 사람을 나태하게 만드는 독이고, 비난은 의지와 가능성까지 잘라버리는 칼날이 될 수도 있으니, 둘 다 조심해서 사용하라는 의미다.

많은 사람 앞에 서는 직업이다 보니 무엇을 하든 칭찬과 비난이 뒤따르게 마련인데, 현명한 사람은 거기에 동요하거나 휩쓸리지 않을 것이다. 그래서 나는 내가 받는 칭찬 속에 숨은 치명적인 독소를 걸러내서 자양분으로 삼고, 비난이라는 칼날을 가지고 스스로의 상한 부분을 조심스럽게 도려내려고 노력한다.

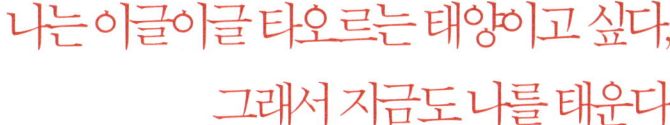

질주본능 태양 #3

나는 이글이글 타오르는 태양이고 싶다, 그래서 지금도 나를 태운다

무대에서는 그 누구도 속일 수 없다

후배들의 모니터링을 빠짐없이 해주는 세븐 형. 내가 좋아하고 존경하는 스승 중의 한 분이다. 형은 연습생 시절부터 일일이 개인별로 피드백 페이퍼를 만들어서 나눠줄 정도로 세심하게 코칭을 해줬다. 바쁜 일정을 소화하면서도 반드시 사무실에 들러 후배들의 연습 동영상을 보고 꼼꼼하게 가르쳐주셨다.

지금도 세븐 형은 자주 무대를 모니터링 하고 문자를 남겨주신다. 그 내용이 워낙 세세하다 보니까, 그 문자를 받고 나면, '정말 잘하지 않으면 인정받기 힘들구나' 하는 생각이 든다. 세븐 형은 돌려서 좋게 말하지 않고 제3자의 입장에서 가감없이 솔직하게 말해준다. 나에게 상처 주지

정직한 노력은 어디서나 빛난다 109

않으려고 기분 좋은 말로 달래거나 칭찬하는 일이 오히려 내게 독이 될 수 있음을 알기 때문이다. 단점을 뼈아프게 깨닫고 바꾸지 않는다면, 결국 나중에 무대에 섰을 때 관객들이 그 단점을 고스란히 찾아낸다. 관객은 결코 속일 수 없기 때문이다.

지금도 무대에 섰을 때 내가 가장 중요하게 생각하는 것은 '잘했고 못했고'의 느낌이 아니라, 나 스스로 만족스러울 정도로 기뻤느냐 하는 점이다. 무대에 섰을 때의 그 떨림이 좋고, 그 떨림과 죽을 것 같은 두려움을 이기고 내려온 나 자신이 대견하다. 하지만 무대란 언제든 '가짜는 다 들통 나고야 마는 곳'이라는 것도 잘 알고 있다. 그래서 더 두렵고 떨린다.

나는 녹음 중에라도 목소리가 마음에 들지 않으면, 당장 보컬 트레이너 선생님에게 달려가서 문제를 해결해야 직성이 풀린다. 이렇게 한 가지라도 마음에 안 드는 게 있으면 주위 사람들에게 수십 번씩 물어보곤 하니, 가끔 다들 "이제 그만 좀 하지!" 하고 핀잔을 주기도 한다.

하지만 나는 아주 작은 것이라도 뭐 하나에 신경이 쓰이기 시작하면 그게 완전히 해결되기 전까지는 그 생각에서 벗어날 수가 없다. 불편하고 찝찝해서 견딜 수가 없다.

누군가는 내가 주관이 너무 뚜렷해서 남의 얘기에 더 신경 쓰는 거라고 말해주기도 했다. 그 말은 곧 '나는 이렇게 생각하는데, 왜 저 사람은 저렇게 생각할까?'라며, 납득할 수 없는 부분을 그냥 넘어가지 않고 물고 늘어진다는 말이다. 그래서 세상의 모든 걱정, 근심, 고민을 혼자 다 안고 산다고 가끔씩 멤버들이 놀리기도 한다.

　내가 연습생 시절을 혹독하게 보내면서 알게 된 아주 소중한 교훈 하나는, 세상에 공짜로 되는 것은 아무것도 없다는 것이다. 대강 '잘되겠지' 생각한 것들은 기대만큼 잘된 적이 없고, 내가 예상한 것보다 열 배쯤 공 들이고 노력해야 얻을 수 있었다. 나는 무엇이든 바닥까지 완전히 비워내고 다시 꼭대기까지 내 힘으로 꼭꼭 채워내는 것이 좋다. 그래야 한 번 반짝 하고 마는 것이 아니라 끝까지 오래가는 힘이 생긴다고 믿기 때문이다.

아무리 99도까지 온도를 올려도
결국 물을 끓이는 건 마지막 1도

똑같이 노력해도 그 결과가 똑같이 돌아오는 것은 아닌 것 같다. 죽어라 공부하는데도 성적은 그만큼 안 나오는 친구들이 있는 것처럼, 100의 노력이 꼭 100의 결과로 돌아오지 않는다는 건 누구나 아는 사실이다.

재능이 얼마나 있느냐를 떠나서, 노력이라는 것도 일정한 한계치를 넘어야만 결실이 맺어지는 것 같다. 어느 책에서 본 내용인데, 물을 가열할 때 0도에서부터 99도까지 아무리 열심히 온도를 끌어올려도, 99도에서는 절대 끓지 않는다고 한다. 물을 끓이는 힘은 마지막 1도인데, 대부분의 사람들이 99까지 열심히 노력해놓고 마지막에 '이게 아닌가봐' 하고 포기하고야 만다고 한다. 단순한 과학상식 같지만, 직접 경험해보면 세상의 많은 일들이 그런 것 같다.

그렇다면 그 1도의 차이는 어디에서 생겨나는 걸까?

나는 1도의 차이를 춤 연습할 때, 그리고 운동할 때 많이 느낀다. 열 번 연습하기로 했다면, 여덟 번까지는 나름대로 열심히, 최선을 다해서 한다. 그런데 꼭 마지막 두 번은 대충대충 하고 싶어진다. 여덟 번이나 연습했으니 몸도 마음도 지칠 대로 지쳤고, 이젠 대충해도 잘할 수 있을 것 같은 자만심도 싹튼다. '그냥 그만할까?' 하는 유혹이 슬금슬금 생겨난다.

'한 시간 운동을 해야지' 하고 마음먹었을 때 역시, 가장 힘든 순간이 마지막 1, 2분이다. 근력 운동을 할 때도, 총 열두 세트를 들어 올려야 한다면 마지막 한두 세트가 제일 힘들다. 그때는 '정말 하기 싫다', '그냥 그만할까?', '아무도 안 볼 텐데' 하는 생각이 뇌에서 비쭉비쭉 고개를 쳐든다.

하지만 그럴 때 결국 마지막까지 포기하지 않고 해두면 꼭 좋은 결과로 보답이 돌아온다. 포기해버리고 싶은 순간, 대충해버리고 싶은 그 순간에 어떻게 하느냐에 따라 결과가 완전히 달라지는 것이다. 가끔 그런 사실을 느낄 때마다 소름이 돋을 정도다.

연습생들 중에도 자만하거나 나태해지지 않고 '마지막 한 번'을 끝까지 집요하게 해내는 친구들이 실력이 팍팍 늘어 있는 걸 확인하곤 한다. 여덟 번까지는 누구나 한다. 문제는 마지막 두 번이다. 마지막 한 동작까지도 정말 마음에 들 때까지 대충 넘기지 않고 집요하게 물고 늘어지는 것, 나에겐 그게 중요했다.

어릴 때 피아노 학원에 다닐 때도 그런 악착스러운 근성은 조금 있었던 것 같다. 피아노 학원에 가면 선생님이 '여기부터 여기까지 다섯 번 치기'를 숙제로 내주시고 조그만 방을 나가신다. 그러면 친구들은 대개 세 번 정도 연습곡을 쳐보고, 선생님께 가서 다섯 번 쳤다고 말하고 피아노 레슨 수첩에 도장을 다섯 개 받곤 했다.

그런데 나는 그게 참 싫었다. '왜 다섯 번 다 안 쳤는데, 다섯 번 쳤다고 하는 거지?' 세 번이 다섯 번으로, 구렁이 담 넘어가듯 대충 넘어가는 것은 나 스스로를 속이는 것 같아서 싫었다.

지금 생각하면 어린애답지 않게 '원칙주의자'였다고나 할까? 나쁘게 말하면 융통성 없는(?) 어린애였는지도 모른다. 하지만 나 자신을 속이지 않는 정직함이 답답해 보이긴 해도, 그게 정답이라고 생각하는 내 믿음은 지금도 변함이 없다.

"이 무대가 마지막이어도 좋으니까…"

"최선을 다하게 해주세요. 이 무대가 마지막이어도 좋으니까, 내가 가진 모든 것을 쏟아낼 수 있게 도와주세요."

무대에 올라가기 전에 나는 늘 이런 기도를 중얼거린다. 아무리 치밀하게 계산된 음악과 조명, 안무, 퍼포먼스가 있다 해도, 그것을 무대 위에서 실제로 해낸다는 건 여전히 어렵고 떨린다. 그런데 나는 그 떨리고 긴장된 느낌이 너무 좋다. 내가 열심히 연습한 것에 대한 성취감이나 만족감도 느끼고, 관객들과 직접 교감하는 것에도 확실히 중독성이 있다.

가수들이 무대를 떠날 수 없는 이유가 바로 그런 것 아닐까? 물론 무대는 그만큼 어렵고 살벌한 곳이다. 연습이 아닌 실전, 한 순간도 긴장을 늦출 수 없고 실력이 고스란히 드러나니까 말이다. 하지만 나는 그런 점조차 즐겁다.

빅뱅 활동 이후로 무대에서 많이 달라졌다는 얘길 자주 들었다. 역시 백 번의 연습보다 한 번의 실전이 더 나은 것일까? 경험이라는 것은 나무의 나이테처럼 내 몸과 마음에 고스란히 남는 것 같다. 그래서 경험이 무서운 거라고 하나 보다. 경험이란 것은 쓰든 달든 나에게 남아, 인생의 무늬를 만들면서 나를 크게 하고 단단해지게 만드니까 말이다.

무대 경험이 나를 달라지게 만든 것처럼, 내가 세운 목표 역시 나를 달라지게 만든다. 이제 고작 이십대의 문턱을 넘고 있긴 해도, 십대 때와는 확실히 목표가 달라졌다. 미래를 좀 더 구체적으로 그리게 되었다고나 할까? 예전에는 그냥 '좋은 음악을 하는 훌륭한 가수가 되어야지' 하는 막연한 꿈을 꾸었는데, 이제는 좀 더 선명하고 구체적인 길을 찾기 시작했다. 무슨 공부를 어떻게 해야 하고, 어떤 점은 어떻게 더 보완하고, 어떤 정보를 더 찾아봐야 하고, 누구에게 도움을 받아야 하고…. 이렇게 미래의 계획이 점점 더 구체적인 것으로 변하니까 의욕도 더 커지고 뭘 해도 더 즐겁고 신난다.

구체적인 목표가 생기고 나니까, 혼자 이런저런 생각을 더 많이 하게 된다. 원하는 모습에 가까워지기 위해서 나 스스로 그에 걸맞은 환경을 만들어나가야겠다는 생각도 많이 한다. 모든 일이 그렇듯이 혼자서 할 수 있는 일은 아무것도 없다. 나를 도와주는 주변 사람들과 내 꿈을 공유하고 내가 원하는 바를 전달하면서 나아가는 것이 꿈에 다가가는 유일한 방법인 것 같다.

그럴 때마다 크리스천인 나는, 기도를 하거나 수첩에 소망을 적는다. 꼭 기도가 아니더라도 스스로에게 암시를 주는 말에는 굉장히 큰 힘이 있다고 한다. 머릿속에만 머물러 있던 생각이 말이 되어서 입 밖으로 나오면, 그때부터 말은 엄청난 힘을 가지고 나를 그 소망을 향해 끌고 간다.

일종의 '자기암시 효과'라고 할까.

  사실 연습생 시절에는 앞날이 캄캄하기만 하고, 도대체 이 길의 끝에 뭐가 있는지 막막하기만 했다. 그렇기 때문에 소원도 그냥 '가수가 되고 싶다' 정도였다. '그럼 어떤 가수?'라는 질문을 나에게 던져보았더니, 그때 내 마음에서 나온 답은 그냥 '좋은 가수' 혹은 '좋은 음악을 하는 훌륭한 가수'와 같은 모호한 것뿐이었다.

  물론 그것도 엄연히 목표니까 없는 것보다는 나았다. 하지만 좀 더 구체적인 말로 스스로에게 최면을 걸었더라면, 지금보다 더 구체적인 결과를 더 많이 얻을 수 있지 않았을까 생각해본다.

달리거나 멈추거나, 어쨌든 둘 다 용기가 필요하다

연습생일 때는 '데뷔만 하고 나면 이런저런 힘든 일들은 없어지겠지?' 하고 잔뜩 기대했는데, 막상 데뷔 하고 나니까 연습생일 때 전혀 고민할 필요가 없었던 수많은 문제들이 새롭게 생겨났다. 힘든 고개를 하나 넘고 나니, 더 힘든 고개를 만난 기분이다.

결국 어느 자리, 어느 위치에 있든 아무런 긴장 없이 마냥 즐겁고 신날 수만은 없나 보다. 무명의 연습생이든 세계 최고의 가수든, 누구에게나 아픔이 있고 어려움이 있을 것이다. 한 단계 한 단계 올라가면서 만나는 새로운 상황에는 또 다른 어려움과 고민들이 기다리고 있다는 걸 이제는 좀 알 것 같다.

하지만 중요한 것은 그러면서 우리가 하루하루 자기도 모르게 점점 성장하고 발전한다는 것 아닐까? 게다가 덤으로 막연했던 꿈이 구체적인 모습으로 바뀌니, 꿈으로 다가가는 길은 더 선명해지고 발걸음도 더 가벼워지는 것 같다.

내 꿈은 흑인 음악의 본토인 미국, 그리고 더 나아가서 세계 곳곳에서 '음악으로' 인정받는 것이다. 가수로서 나만의 색깔이 가득한 음악을 선보여 상업성과 음악성 면에서 동시에 인정받고 싶다. 세계적인 슈퍼스타가 되는 것도 좋겠지만, 무엇보다 사람들이 듣고 '정말 좋다'며 감동하는 그런 음악을 하고 싶다. 나는 흑인이 아니니까 그들 같은 감정과 정서,

한을 담아내고 소통하려면 지금보다 더 많은 경험과 고통을 겪어야 할지 모른다. 그래서 가수인 내게 상처와 아픔은 곧 음악적 자양분이 되어줄 거라고 믿는다.

나는 100미터 전력질주보다 마라톤처럼 꾸준히 달리는 게 더 적성에 맞다. 뭔가가 빨리빨리 이루어지지 않는 것 때문에 스트레스를 받거나 초조해 하는 스타일도 아니고, 인생의 속도나 배움의 속도, 노력에 대한 결과가 나타나는 속도 모두 그리 빠른 편은 아닌 듯하다. 그래서 그런지 오히려 당장 결과가 드러나지 않는다고 조급해 하거나, 무엇이든 속전속결로 결정해버리지 않으려고 노력한다. 음반이든 무대든 가장 완벽한 상태가 될 때까지 시간과 에너지를 충분히 들이고 싶다. 오래오래 푹푹 고아서 뼛속에 있는 진국까지 뽑아내고 싶은 것이다.

"마음이 흔들릴 때면 가만히 두고 지켜보거라."
어떤 선생님이 내게 해주신 말씀이다. 사과주스처럼 마음을 가만히 들여다보고 가라앉혀보라고 하셨다. 그러면 사과 건더기가 아래쪽으로 가라앉고 맑은 사과즙만 남듯이, 내가 정말 원하는 것이 무엇인지 마음속도 그 맑은 사과주스처럼 훤히 보인다고. 나침반의 바늘이 흔들리다가도 결국 한곳을 향해 멈추는 것처럼, 내 마음도 항상 내가 원하는 곳을 향하고 있겠지? 지금은 그게 음악인 것 같다.

이제야 가끔 '내가 진짜 가수가 되었나?' 하는 생각이 든다. 아직도 배워야 할 게 너무나 많고 알아야 할 게 산더미처럼 앞에 쌓여 있다. 하지만 어릴 적에 아무것도 모르는 상태에서 흥분과 놀라움을 느꼈듯이, 내 노래로 누군가가 위로받고 기쁨을 느낄 수 있다면 그것만으로도 내가 음악을 해야 하는 이유는 충분하다.

나는 음악으로부터 큰 에너지를 얻는다. 내 노래를 사랑해주는 사람들, 공연장에서 함께 열광하는 사람들이 나에게 어마어마한 에너지를 준다. 그러니 내 꿈은 열기구 풍선처럼 점점 더 부풀어오를 수밖에 없다. 지금은 그 풍선을 타고 '더 높이, 더 먼 곳까지 날아야지' 하는 생각뿐이다. 꿈은 내가 스스로 내딛는 발걸음만큼 가까워지니까 말이다.

내가 가진 것은 많아야 50뿐이다. 나머지 50은 주위 사람들과 함께 채워나가야 한다. 물론 남들이 나의 부족한 부분을 채워주는 것만큼, 나도 사람들에게 도움을 주어야 한다. 받은 만큼 돌려주는 것은 당연하고, 받은 것보다 더 많이 줄 수 있다면 그것은 더 큰 행복이다.

● STAFF가 본 태양

그의 옆에서는 도저히 엄살 부리거나 투덜거릴 수가 없다

솔로 앨범을 준비할 때, 우리는 태양의 무서운 잠재력을 발견했다. 음반 작업을 도왔던 프로듀서 테디(TEDDY)가 인정한 부분이기도 하다. 음악적 재능이나 엔터테이너로서의 끼, 열정뿐만이 아니라, 사람을 감동시키고 진심을 나눌 줄 안다는 것이 태양의 최대 장점이다. 알게 모르게 수고하는 스태프들을 일일이 챙기고 진심으로 고마워하는 친구다. 게다가 평소에도 사무실 식구 중 누군가 그만두거나 개인적인 문제로 힘들어 할 때 가장 슬퍼하고 아쉬워하곤 한다. '모르는 줄 알았는데 다 알고 있었구나' 싶어 감동받을 때가 많다.

솔로 앨범 뮤직비디오 촬영 때, 밤낮 없는 강행군에 다들 굉장히 지쳐 있었다. 촬영 중간에 스태프들끼리 모여 힘들다, 죽겠다 투덜대는데, 우연히 태양을 보니 저쪽에서 혼자 조용히 코피를 닦고 있었다. 정작 가장 힘든 건 본인이었을 텐데…. 나이만 많았지 누나, 형들이 더 창피해지는 순간이었다. 태양은 스태프들보다 두세 배 더 많이 애쓰고, 더 오래 고민한다. 그러니 스태프들도 힘들다고 투덜거릴 수가 없다.

그래서인지 솔로 활동을 준비할 때 스태프 모두가 한마음이었다. 태양이 잘되길 진심으로 바랐기 때문에. 이처럼 태양은 사람들의 마음을 움직이고 의지를 이끌어내는 능력이 있다.

— 지은, 스타일리스트

상대를 기분 좋게 자기편으로 만든다

참 신기하게도 태양의 부탁은 안 들어줄 수가 없다. 거절은커녕 오히려 발 벗고 나서서 돕게 만드는 묘한 마력이 있다. 그만큼 주위 사람들에게 잘하는 데다 스스로 노력하는 모습이 기특한 수준을 넘어 가히 감동적이기 때문이다. 누군가와 의견대립이 있을 때도 마찬가지다. 자기 의견을 강요하기보다는 차분하게 설득해서, 상대를 기분 좋게 자기편으로 만든다.

인간관계뿐만 아니라 매사에 지극정성인 친군데, 특히 솔로 앨범 준비할 때 그 성격이 고스란히 드러났다. 한 곡 한 곡 어찌나 공을 들이고 정성을 쏟아붓는지. 수십 번 들어보고, 불러보고…. 게다가 앨범이 나온 후에도 주변 사람들이 누구 하나 헐렁하게 할 수 없도록 직접 다 챙기고 다녔다. 심지어 콘서트 때도 진행 상황을 하나하나 치밀하게 체크했다. 전면에 나서서 모든 것을 이끄는 화끈한 모습을 보면 '저 나이가 맞나?' 싶을 정도로 어른스럽다.

— **안덕근**, YG엔터테인먼트 홍보실장

Stage 3

희망을 품는 순간,
기적은 일어난다

긍정본능 대성

"내쉬는 숨결 하나, 옮기는 걸음 하나에 꿈을 향한 믿음을 심는다.
꿈은 그리는 만큼 커지고, 바라는 만큼 닮아간다.
그것이 바로 내 믿음의 전부요, 내가 웃는 이유다.
희망은 나를 걷게 하는 힘이다.
그리고 가슴속 내 꿈은 나를 웃게 하는 힘이다."

대성

본명 강대성 **태어난 날** 1989년 4월 26일 **특기** 노래, 춤, 일본어
* 뮤지컬 〈캣츠〉 출연 * SBS 〈패밀리가 떴다〉 출연 * 디지털 싱글 〈날 봐, 귀순〉 발표

긍정본능 대성 #1

꿈을 향한 출발선에
나를 세우다

"목사님이 되겠다더니, 뭐 가수라고?"

아버지는 평소 두 가지 말씀을 즐겨하셨다. '남자가 한 입으로 두말을 하면 안 된다'는 것, 그리고 '하고 싶은 것은 다 해봐야 한다'는 것. 그런데 아들이 정말 하고 싶은 일을 찾았다는데, '그것만은 허락해줄 수 없다'며 금지령을 내리셨다.

"한참 공부해야 할 나이에 가수를 하겠다고? 지나가는 사람을 붙잡고 물어봐라. 딴따라를 하겠다는 아들놈에게 '그래 잘해봐라' 하고 말할 부모가 몇이나 있는지…. 정신 나간 놈!"

물론 쉽게 허락하실 거라는 기대는 하지도 않았다. 그도 그럴 것이 아버지가 아는 분들 자녀 중에 가수를 하려고 학교까지 그만두었는데, 뜻대로 되지 않은 경우가 두 명이나 있었기 때문이다. 게다가 가요 프로그램에 나오는 가수들을 보면 "남자애들 꼬락서니가 왜 저 모양이냐?"며 역정을 내시는 모습을 어릴 적부터 보아왔던 터라, 험난한 길이 되리라는 예상은 하고 있었다.

하지만 평소에 늘 "하고 싶은 것은 다 해보라."고 하셨던 아버지 말씀만 믿고, 아들의 간절한 소망이니 최소한 작은 배려 정도는 해주실 거라고 믿었다. 그런데 생각할 것도 없이 단칼에 "NO!"라고 하시는 아버지를 보자 '왜 아들을 믿지 못하시는 걸까?' 하는 강한 섭섭함이 밀려왔다.

사실 부모님은 내가 목사님이 되기를 바라셨다. '대성'이라는 이름의 한자는 '큰 대(大)', '소리 성(聲)'으로 '큰 목소리로 말씀을 전파하라'는 뜻을 담고 있다(비록 부모님이 바라는 의미는 아니지만, 내 목소리로 많은 사람들에게 노래를 전하고 있으니, 결국 이름값은 하고 있는 셈 아닌가? 하하하).

멀쩡하던 아들 녀석이 어느 날 갑자기 가수가 되겠다며 설쳐대니, 아버지도 많이 황당하셨을 것이다. 무엇을 하든 언제나 내 편이던 누나조차도 "도대체 왜 갑자기 가수냐?"며 물어왔을 정도로, 나의 가수 선언은 파격적인 것이었다.

우리 집을 발칵 뒤집어놓은 이 '가수'라는 황당하기까지 한 꿈은 중학교 2학년 담임선생님께서 무심코, 아주 무심코 던지신 말 한 마디에서 시작되었다.

학교 행사를 마치고 우리 반 전체가 담임선생님과 함께 노래방에 간 적이 있었다. 믿기지 않겠지만 사실 태어나서 노래방이라는 곳엘 처음 가본지라, 나는 에코 빵빵한 마이크를 타고 흐르는 내 목소리가 마냥 신기할 따름이었다. 그런데 내 노래가 끝나자마자 선생님은 기다렸다는 듯 "이야, 우리 대성이가 노래를 이렇게 잘했어? 가수해도 되겠다!" 하고 말씀하시는 게 아닌가! 원래 노래 부르는 것을 좋아하긴 했지만 '가수를 해보라'고 말해준 사람은 선생님이 처음이었다. 다른 친구들은 일부러 선생님을 찾아가 진로에 대한 고민을 털어놓는데, 노래방에서 진로 상담(?)을 받다니 역시 나는 행운아였다. 다른 사람도 아닌 담임선생님에게 가수를 권유받다니, 이 얼마나 신뢰 가득한 말인가! 그 순간 나의 머릿속은 온통 '가수를 하라'는 그 한 마디로 가득 차 버렸다. 친구들의 노랫소리는 들리지도 않았다.

그리고 얼마 후, 학교에서 축제가 열렸다. 거기에 노래자랑을 하는 코너가 있었는데 처음 나간 대회에서 덜컥 1등을 하고 말았다. '아, 역시 가수가 되라는 건 하나님의 뜻이었던 거야! 하나님과 선생님 모두 나에게 진로를 확실히 정해주시는구나!'

나중에야 알게 된 얘기지만, 선생님은 나에게만 가수가 되라고 권하신 게 아니란다. 노래를 좀 한다 싶은 친구들을 보면, 마치 추임새를 넣듯 으레 그런 말씀을 하시곤 하셨단다. 헉~! 하지만 어쩔 거냐. 나는 이미 '가수'에 필이 꽂혀버린 것을….

완고하신 아버지의 고집 꺾기 대작전!

사춘기 아들의 단순한 방황인 줄 아셨을 일탈은 무려 2년 넘게 이어졌다. 지금까지 부모님 말씀 한 번 거역한 적 없던 아들이 기필코 기획사까지 들어가겠다며 고집을 부리니 무척이나 화가 나셨을 것이다. 하지만 하지 말라고 하면 더 하고 싶은 청개구리 심보랄까? 절대 꺾이지 않을 것 같은 반대에 부딪히자, 음악에 대한 열정은 더더욱 불타올랐다.

"태권도, 합기도, 축구까지…. 내가 하고 싶다는 건 다 시켜주셨잖아! 그런데 왜 가수만 안 된다는 거야?"

아버지와 나의 끝모르는 줄다리기는 계속되었고, 누나는 어떻게든 우리 두 사람을 화해시키려 애썼지만, 누나는 사실 그리 능력 있는 협상가는 아니었다.

"아버지가 지금 너무 화가 나서 그러셔. 아버지 화나면 아무도 못 말리는 거 너도 알잖아. 조금 기다려보자."

하지만 그 기다림에 희망이 없다는 사실을 우리는 잘 알고 있었다. 이제 음악을 하고 못 하고는 중요하지 않았다. 나도 모르게 '제대로 보여드리겠다, 꼭 보란 듯이 가수가 되어서 아버지 콧대를 꺾어드리리라!'는 굳은 결심이 생겨버린 것이다. 그렇게 결코 굽힐 수 없는 '남자 대 남자'의 자존심 대결이 시작되었다. 얼음장 같은 집안 분위기에 숨도 제대로 못 쉬는 어머니와 누나에게는 미안했지만, 자존심 싸움이 시작된 상황에 싸나이로서(?) 먼저 굽힐 수도 없는 노릇이었다.

그러던 어느 날, 학교에 가려고 등교 준비를 하는데 커다란 가방을 손에 든 아버지가 내 방으로 들어오셨다. 그 가방을 보는 순간 본능적으로 '위기 상황'이라는 예감이 들었다.
"짐 싸라. 그렇게 네 멋대로 하고 싶으면 나가서 해. 너 나가."
역시나 나의 예감은 틀리지 않았다. 아버지는 굳은 결심을 하신 듯 별다른 감정의 동요 없이 나지막이 말씀하셨지만, 내 머릿속은 백지처럼 하얘졌다. 한 번 화가 나면 그 누구도 막을 수 없는 아버지의 불같은 성격을 잘 알고 있기 때문이다.

평소에는 너무나도 유쾌하고 친구 같은 아버지지만, 우리 남매가 반찬 투정이라도 하는 날이면 아무 말 없이 사흘씩 굶기는 분이셨다. 생쌀이라도 씹어 먹을 수 있을 것 같은 배고픔을 느꼈지만 감히 그 앞에서 "밥 주세요." 하는 말도 꺼내지 못할 정도로 무서운 아버지다. 하지만 자식 굶기면서 아버지도 기분이 좋으셨을 리 없다. 어느 정도 반성의 기미가 보이면 어김없이 우리가 좋아하는 맛있는 음식으로 굶주림의 서러움을 풀어주는 센스 있는 아버지이기도 하다.

초등학교 3학년 무렵이었을까? 정확한 상황은 기억나지 않지만 내가 제정신이 아니었던 것만은 분명하다. 그렇지 않고서야 아버지와 함께 앉은 저녁 식탁에서 숟가락을 던지는 무모한 짓 따위는 하지 않았을 것이다. 숟가락이 바닥에 채 떨어지기도 전에, 나는 그 자리에서 양파 껍질 벗기듯 발가벗겨졌다. 그리고 너무도 자연스럽게 대문 밖으로 쫓겨났다.

아무리 어려도 남자다. 게다가 열 살이 넘었다. 알 건 다 아는 나이란 소리다. 소중한 부분이라도 가려주시지…. 창피함과 서러움에 멀리 가지도 못하고 대문 앞에서 쪼그리고 앉아 울고 있는데, 그 모습을 보다 못한 옆집 아주머니가 구원 투수로 나서주셨다.

평소 가족처럼 지내는 사이였기 때문에 아주머니는 당신 얼굴을 봐서라도 아버지가 너그럽게 봐줄 거라고 생각하신 모양이다. 애처로운 듯 아주머니는 나의 손을 붙잡고, 괜찮다며 우리 집 대문을 열었다. 하지만 나는 아버지의 성격을 너무 잘 알고 있었기에, 질질 끌려 들어가면서도 아주머니의 성의가 별로 고맙지 않았다.

대문이 열리자마자, 아버지는 빛보다도 빠른 속도로 달려 나오셨다. 그러고는 "우리 집에서 내 새끼 내가 내보내겠다는데 당신이 무슨 상관이냐."며 아주머니에게 오히려 불같이 화를 내셨다.

그날 이후, 어머니와 누나는 옆집 아주머니만 보면 미안함에 고개를 들지 못했고, 이웃사촌이라는 말이 무색하게 서먹한 사이가 돼버렸다.

이렇듯 지금까지의 경험으로 볼 때, 분명 그날 아침 아버지 손에 들린 가방은 단순한 협박용이 아니었다. 본능적으로 '이건 실제 상황!'이라는 판단이 들었다. 어떻게든 집에서 쫓겨나는 것만은 피해야 했다. 당장 먹고 잘 곳은 있어야 나갈 것 아닌가? 나는 바로 꼬리를 내리고 아버지가 그렇게 바라는 '착한 아들' 모드로 돌입했다.

"아버지. 저 지금 학교도 가야 하고, 다음 주에 시험도 있어요. 아이고! 저 지각이에요. 학교 다녀오겠습니다!"

등에서는 식은땀이 흘러내렸지만, 아무렇지 않은 척 가벼운 발걸음으로 집을 나섰다. 가수가 되는 문으로 들어서려면 열든지 당기든지 둘 중 하나를 고민해야 했다. 그 순간 나는 아버지의 마음을 열고 들어가는 방법을 선택했다. 미련하게 내 고집만 내세울 때가 아니었기 때문이다.

이제부터가 진짜 시작이다, 가수 시동!

이보 전진을 위한 일보 후퇴를 선택한 후, 나는 마치 독립운동이라도 하는 투사마냥 가급적 아버지 눈에 안 띄게 숨어 지내면서, 조용히 가수 준비를 하고 있었다.

말로만 '음악을 하겠다'고 하는 것보다는, 뭔가 증명이 될 만한 것을 보여드리면서 설득하는 게 좋겠다고 생각했다. 어른들은 '공증된 무언가'를 좋아하시니까 뭔가 그럴듯한 문서를 가져다드리면 한결 도움이 될까 하는 생각이 들어 모 방송사 아카데미 오디션을 준비했다. 늦게나마 팽팽한 대치 상태에 있던 아버지와의 타협점을 찾기 시작한 것이다.

그리고 얼마 지나지 않아 방송사 아카데미로부터 합격 소식을 들었다. 다른 곳도 아닌 방송국에서 운영하는 곳이니 아버지의 마음이 조금 달라질지 모른다는 기대도 생겼다. 그런데 아버지는 단칼에 내 기대를 잘라 버리셨다.

"이게 뭐야? 이런 데는 돈만 주면 누구나 다 합격할 수 있는 거 아니야?"

불과 5분 전까지만 해도 하늘을 찌를 듯했던 자신감은 '누구나 합격할 수 있는 곳'이라는 아버지의 말 한 마디에 한 톨의 먼지가 되어 허공으로 사라졌다.

도대체 어떻게 하면 아버지를 설득시키고 내 꿈을 인정받을 수 있을까? 또 다시 깊은 고민이 시작됐다. 부모님의 뜻을 거역하는 것은 가슴 아팠지만 그렇다고 꿈을 포기할 수는 없지 않은가?

아버지와의 지루한 줄다리기를 끝내기 위해 나는 마침내 비장의 카드를 꺼내들었다. '가출'을 결심한 것이다. 때마침 방학 기간이라서 학교생활에 지장을 줄 일도 없었다. 아버지께 정면으로 도전장을 내민 것이다. 부모님의 허락을 받기 전까지는 결코 집에 돌아오지 않을 것이라는 굳은 마음을 먹고 집을 나섰다.

그런데 오후가 되니 왠지 모를 불안감이 밀려왔다. 아침 나절의 그 호기는 다 어디로 가버리고, 최소한의 방어막이라도 만들어야겠다는 생각이 든 것이다. 서둘러 집에 전화를 걸었다.

"아버지, 저…. 음악 하는 형들하고 같이 있는데, 며칠 집에 못 들어갈 것 같아요."

"…."

잠깐의 침묵, 그리고 긴 한숨이 이어졌다.

"네 마음대로 해라."

통화는 그렇게 끝이 났다. 허무하게 전화를 끊고 나자 머릿속이 더 복잡해졌다.

옆에서 대화 내용을 들은 형들은, "그게 외출이지, 가출이냐?"며 놀려대기 시작했다. 나는 '가출'로, 부모님은 '외출'로 생각하는 작은 쿠데타는 알아주는 사람 없이 일주일 만에 막을 내렸다.

얼마의 시간이 지났을까…. '자식 이기는 부모 없다'는 말이 사실인가? 갑자기 아버지의 허락이 떨어졌다.

"그래, 방송국이든 어디든 한 번 다녀봐라. 네가 직접 가서 제대로 쓴맛을 봐야 정신을 차리지."

기쁨도 잠시, 진짜 시작은 이제부터였다.

학교도 다녀야 하고, 연습도 해야 하고, 헉헉~

아버지의 승낙이 떨어진 지 얼마 되지 않아, 꿈에 그리던 YG엔터테인먼트에서 오디션 제의가 들어왔다. 무식하면 용감하다고 했던가? 들어가기가 그렇게 어렵다던 YG 오디션을 보러 가기 전, 내가 아는 팝송이라고는 고작 알 켈리(R. Kelly)의 〈I believe I can fly〉라는 곡 달랑 하나였다. 더 솔직히 말하자면, 이 곡도 오디션을 위해 급하게 준비한 노래다. 원래 가요만 듣고 즐겨 불렀기 때문에 팝송에 대한 지식은 거의 없었다.

운이 좋은 건지, 운명의 장난인지 YG의 연습생이 되었다. 아버지가 '세븐'이라는 가수를 알고 계셔서 그나마 수월하게 넘어갈 수 있었다. 하지만 결코 학업을 포기하는 것만큼은 용납하지 않으셨다. 사실 언제 가수가 될지도 모르고, 또 가수가 된다고 해도 성공이 보장되지 않는 상황에서 학업을 포기한다는 것은 상상할 수도 없는 일이었다. '학교에 결석하지 않는다, 무슨 일이 있어도 11시까지는 귀가한다'라는 두 가지 약속을 걸고 연습생 생활을 시작했다.

세상에 공짜는 없는 법! 꿈을 향한 도전의 기회를 얻었으니 부모님이 원하는 학생의 기본 도리는 해야 했다. YG에서 유일하게 '매일' 등교하는 연습생은 이렇게 탄생했다.

YG에 들어와 보니, 예상대로였다. 6년을 준비한 지용 형과 영배 형은 이미 한계를 넘어선 실력자들이었고, 그들 앞에 나는 이제 막 걸음마를 시작한 어린아이처럼 한없이 작고 초라해 보이기만 했다.

배울 것이 너무 많았다. 누구보다 더 많은 시간과 노력이 필요했지만 설상가상으로 나에겐 쓸 수 있는 시간도 한정되어 있었다. 허락된 시간 안에 최대한 많은 것을 배우기 위해 나는 발바닥에 불이 나도록 뛰어야 했다. 배움에 대한 목마름이 너무 심해서 새로운 것을 보는 족족 스펀지처럼 흡수하기 바쁜 나날들이 이어졌다. 댄스라는 것도 태어나 처음 배우기 시작했다.

그런 나에게 지하 연습실은 새로운 것을 계속해서 만들어주는 요술램프였다. 생전 듣도 보도 못한 춤과 노래는 물론, 전에 없던 형들과 동생이 생겼다. 무엇보다 큰 소리로 노래를 불러도 항의하는 사람이 없는 그야말로 천국이었다.

'얼마나 바라던 자리였던가, 얼마나 배우고 싶던 노래였던가….'
내가 그 자리에 있다는 것이 믿기지가 않아 날마다 절로 웃음이 나왔다.

하지만 〈리얼다큐 빅뱅〉의 촬영이 시작되고 나서는 이야기가 달라졌다. 일주일에 한 번씩 비디오로 찍어서 테스트를 받고, 하루 열두 시간씩 소화해내야 하는 각종 트레이닝 스케줄이 힘에 부쳤다. 내일에 대한 보장이 없기 때문에 심리적으로도 많이 불안한 시기였다. 하지만 이 세상에 힘들지 않은 일이 어디 있겠는가? 하루 종일 아무것도 하지 않는 것도 힘들다면 힘든 일일 거다.

우리 연습생들은 정말 가족 같은 분위기로 재미있는 나날을 보내고 있었다. 그런데 서바이벌이 시작되고 탈락자가 나오면서 분위기가 180도 돌변했다. 누군가가 탈락할 수도 있다는 것 자체가 큰 충격이었다. 우리 중 누구도 떨어질 거라고는 예상하지 않았기 때문이었다.

처음 두 명의 탈락자가 발표되었을 때만 해도 '양 대표님이 드라마틱한 상황을 연출하려고 일부러 그러시는 거겠지' 하고 생각했다. 하지만 그것은 나의 착각일 뿐, 현실은 냉혹했다.

짧은 시간이었지만 희로애락을 함께하며 서로 믿고 의지했던 동료였으니, 떠나는 사람도 남아야 하는 사람도 마음이 쓰라리기는 마찬가지였다. 너무도 미안하고 가슴이 아파, 차마 그 어떤 말도 해주지 못했다는 게 지금도 가끔 속상하다.

열여덟 살, 어른들이 말하던 냉정한 사회를 처음 경험했다. 프로의 세계가 얼마나 무서운 것인지 새삼 깨달았다. 그렇게 2006년 6월, 나는 또 한 번의 성장통을 겪으며 또 한 뼘 자라고 있었다.

긍정본능 대성 #2

스마일보이 강대성,
믿음의 씨앗을 뿌리다

아직, 아파하며 주저앉기엔 너무 이르다

사실 나의 연습생 생활은 '노래'라는 가능성 단 하나로 시작된 것이다. 다른 멤버들보다 늦게 시작했다는 핸디캡이 있었기 때문에, 그들에게 피해를 주지 않기 위해서라도 더 많은 노력을 해야 했다. 노래를 부르고 또 불렀다. 그렇게 연습하다가는 목이 망가진다는 주위의 걱정스런 시선이 부담스러워, 공식적인 연습 시간 외에는 옷 방에 숨어서 노래를 불렀다.

너무 욕심을 부린 탓일까? 기어코 일이 터졌다. 세 번째 싱글 앨범 녹음을 앞두고 성대가 결절된 것이다.

데뷔한 지 얼마 되지도 않은 데다가 실력파 그룹이라는 이미지가 강했는데, 나로 인해 빅뱅 전체가 타격을 받을까봐 걱정스러웠다.

다행히 무대에서는 펄펄 날아다니는 다른 멤버들의 도움으로 큰 문제 없이 넘어가긴 했으나, 내 노래의 70퍼센트 정도는 소위 말하는 '삑사리'가 났을 정도로 목 상태가 점점 나빠졌다. 그런데 문제는 한 번의 실수가 더 큰 실수를 불러온다는 데 있었다. 무대에만 서면 지난번의 실수가 떠올라 같은 실수를 되풀이하고, 페이스를 잃어버려 허둥거리는 상황이 반복되기 시작한 것이다. 긴 슬럼프의 시작을 알리는 전주곡이었다.

'저 무대를 얼마나 꿈꿨는데…. 내 목소리로 노래 부르기를 얼마나 원했는데…. 막상 멍석을 깔아주었는데 정작 목소리가 나오질 않는다니….'

답답해 미칠 지경이었다.

"너무 열심히 하다 보니 그렇게 된 것이니까 다음에 잘하면 된다."는 주위 사람들의 위로도 소용이 없었다. 마지막 전투를 앞둔 장수처럼 내게 '다음'이라는 기회는 없을 것 같았다. 이 세상에 열심히 하는 사람은 너무나 많다. 하지만 이곳은 '최선'이 아닌 '최고'를 원하는 프로의 세계다. 그런데 가수가 목소리가 나오지 않는다는 건 전쟁터에 나간 장수의 손에 창과 방패가 없는 것과도 같다.

게다가 눈앞에는 녹음이라는 더 큰 산이 버티고 있었다. 나의 첫 솔로 곡인 〈웃어본다〉를 녹음하는 당일, 야속한 내 성대는 최악의 컨디션으로 떨어졌다. 병원에서 치료할 수 있는 방법을 총동원해서 진료를 받고 왔지만, 아무 소용이 없었다. 다리를 얻기 위해 목소리를 잃은 인어공주와는 반대로, 제대로 된 목소리를 얻을 수 있다면 무슨 짓이라도 할 수 있을 것 같은 심정이었다.

안타까운 내 모습을 옆에서 지켜보던 거미 누나가 지원자로 나섰다. 거미 누나도 성대 결절을 경험한 적이 있었기 때문에, 목에 무리가 가지 않는 선에서 녹음을 할 수 있도록 도와준 것이다.

'얼마나 기다린 솔로 곡인데, 나 하나 때문에 이렇게 많은 사람들이 고생을 하는데…. 어떻게 가수가 목을 이렇게까지 엉망으로 관리할 수가 있을까. 도대체 왜 이 지경이 되도록 내버려두었을까….'

뒤늦은 후회와 자책감이 몰려왔다. '이러다 아예 목소리가 나오지 않으면 어쩌나', '다시는 노래를 부르지 못하면 어쩌나' 하는 불안감도 들었다. 걱정하는 사람들에게는 아무렇지 않은 모습을 보이고 싶었지만, 자꾸만 눈물이 나오려고 했다.

그렇게 열두 시간도 넘는 녹음 작업이 진행되었다. '웃어본다'라는 가사가 나오는 마지막 두 음절만 부르면 녹음이 끝나는 상황이었다. 이제 '본,다'라는 딱 두 글자만 부르면 되는데, 목에서는 아예 쇳소리조차 나오질 않았다. 아무리 입을 벙긋거리고 심호흡을 하고 물을 마셔도 결과는 마찬가지였다. 하늘이 무너진다는 게 그런 느낌일까? 절망적이었다. 더 이상 어떻게 해볼 방법이 없었다. 그렇게 또 두 시간이 흘렀다. 그리고 기적적으로, 정말 기적적으로 '본,다'라는 두 음절이 내 성대를 통해 흘러나왔다.

순간 눈물이 왈칵 쏟아졌다. 녹음을 마쳤다는 감사함보다 나 하나 때문에 장장 열네 시간 동안 고생한 거미 누나와 녹음 스태프들에게 미안한 마음과 함께, 이렇게 부족한 목소리로 첫 솔로 곡을 내놓아야 하는 현실에 대한 안타까움이 뒤섞인 눈물이었다.

사람들의 위로를 뒤로하고 나 자신과의 싸움을 다시 시작했다. 사랑하는 멤버들과 회사 식구들도 어떻게 해줄 수 없는 문제였기 때문에, 혼자 싸우고 혼자 이겨내야 했다. 무엇보다 나 자신이 내 목 관리를 제대로 못한 탓이었다. 전화 통화까지 속삭이며 할 정도로 최대한 목을 안정시켰다. 목에 좋은 것이라면 무엇이든 했고, 말을 해야 하는 상황이라면 미소로 대신했다.

그렇게 몇 개월이 지났다. 다행히 〈거짓말〉이라는 곡을 통해 거짓말처럼, 정말 거짓말처럼 정상에 가까운 목소리를 되찾을 수 있게 되었다.

내 인생의 가장 큰 달란트, '긍정'

"대성아, 넌 뭐든지 할 수 있어. 네가 원한다면 못할 일은 아무것도 없어. 그러니까 너 자신을 믿어."

어렸을 때부터 줄기차게 들었던 '긍정적으로 생각하라'는 어머니의 말씀이다. 어머니는 성적이 떨어지거나 친구들과 다투거나, 심지어 아버지가 가수의 길을 반대하셔서 기분이 처져 있을 때에도, '모든 일을 긍정적으로 바라보면 괴로울 이유가 없다'고 조언해주셨다.

"넌 참 긍정적인 아이야, 그치?"
"우리 대성이는 긍정적이니까, 이 정도는 웃어넘길 수 있을 거야."
"대성아, 엄마는 네가 긍정적이라서 참 좋다."

긍정, 긍정, 긍정…. 정말 귀에 못이 박히도록 들은 단어다. 어떤 때는 너무 많이 들어서 오히려 '긍정'이라는 단어가 부정적으로 들릴 정도였다. 하지만 어머니의 그 끈질긴 '긍정 교육' 덕분에 지치고 힘든 순간도 잘 견딜 수 있었다. 나도 모르게 긍정이란 단어가 무의식에 박혀버려서, 힘들고 지치는 순간이 올 때마다 그 단어를 떠올리게 된 것인지도 모른다.

디지털 싱글〈날 봐, 귀순〉을 발표할 무렵의 일이다. 정식으로 무대에서 선보이기도 전에 여기저기서 안 좋은 말들이 들려왔다. '빅뱅의 멤버가 트로트라니 말도 안 된다', '빅뱅의 이미지를 실추시키는 일이다', '내가 아무리 팬이지만 이건 아니다' 등등 반대의 강도가 예상보다 훨씬 셌다.

'트로트가 어때서? 무대를 보기도 전에 안 좋은 이야기부터 하시다니.'

빅뱅과 나를 진심으로 아끼는 마음에서 나온 이야기라는 것은 알지만, 그래도 속이 상하긴 했다. 지용 형이 선물해준 소중한 곡이라서 더욱 속이 상했다. 형이 나를 생각하며 만든 노래를 멋들어지게 부르고 싶은데, 모두들 안 된다고 하니 답답했다.

'내가 그렇게 못 미더운가, 내가 빅뱅에 해를 끼치는 존재인가….'

별별 생각이 다 들었다.

그때 나를 일으킨 힘 역시 바로 '긍정'이라는 단어다. 틈만 나면 강조하셨던 어머니 말씀 덕분에, '긍정 방정식'이 머릿속에 깊숙이 입력된 모양이다. 안 좋은 상황이 오더라도, '괜찮아. 아직 최악의 상황은 아니잖아?' 하고 툭툭 털고 일어서게 만드는 '긍정 방정식'.

'아직 무대에 올라간 게 아니니까, 사람들이 걱정한다면 무대에서 그 걱정을 떨칠 수 있도록 멋진 모습을 보이면 될 것 아닌가?'

그러자 저 깊은 곳에서 자신감이 샘솟았다.

'최대한 맛깔나고 구성지게, 신나고 흥겹게 노래를 불러서 무대를 열광의 도가니로 만들리라!'

그날부터 맹렬히 연습에 돌입했다. 안무를 짜고, 표정을 구상하고, 의상을 준비하고…. 빅뱅 스케줄과 병행하기에는 하루 24시간이 모자랄 정도였지만 이상하게도 전혀 힘들지 않았다. 잠을 못 자도 밥을 못 먹어도 기운이 났다.

마침내 〈날 봐, 귀순〉을 선보인 콘서트 무대.

"안녕하세요~. 대~성~입니다~."를 외치며 등장하는 순간부터 공연장이 뜨겁게 들썩였고, 무대와 객석은 열광적인 분위기로 하나가 되었다. 관객들의 반응이 예상보다 너무 뜨거워서인지 첫 무대임에도 나도 모르는 초능력자 같은 힘이 솟았다. 아, 그때의 짜릿한 황홀함이란!

그날 이후, 언제 그랬냐는 듯이 걱정과 우려의 목소리는 응원과 지지의 목소리로 바뀌었다. 트로트가 '빅뱅에서의 일탈'이 아닌 '빅뱅의 무수한 변신 중 하나'라는 사실을 인정받은 것이다. '한 번 신나게 즐겨보자!'는 의도가 드디어 이해받은 것이다.

내게 '긍정'이라는 습관이 없었다면, '가수가 되고 싶다'는 막연한 꿈을 그냥 꿈으로만 묻어두었을지 모른다. 내가 할 수 있는 것은 잠시 동안의 실패와 좌절에 빠졌을 때, '긍정'이라는 페달을 힘껏 밟아 다시 원래의 자리로 돌아오는 것이다. 어머니의 가르침이 없었다면, 힘든 일들을 부정적으로 생각하기만 했다면, 많은 일들을 쉽게 포기했을지도 모른다. '나 같은 게 가수는 무슨…' 하면서 금방 포기해버렸을지도 모를 일이다.

긍정은 일종의 추임새다. 판소리에서 '얼쑤', '좋다' 등등 추임새가 흥을 돋우듯, 긍정은 내게 활기를 불어넣어주고 기운을 북돋아준다. 어렵고 힘든 순간에는 '괜찮아', '잘하자'라는 추임새로 의지를 되찾고, 일이 잘 풀리고 있을 때는 '옳지', '좋구나'라는 추임새로 더욱 신나게 살자!

내게 가장 소중한 위로, '괜찮아질 거야!'

우리 누나는 나의 정신적 지주이자 든든한 지원군이다. 가수가 되고 싶다는 것이 단순히 연예인의 화려한 겉모습을 원해서가 아니라, '동생이 정말 하고 싶어 하는 일'이라는 사실을 유일하게 이해했던 가족이다.

아버지와의 냉전에 지치거나 의기소침해진 날이면, 누나는 어김없이 내 방으로 찾아와 '괜찮다'며 위로를 건넸다. 누나의 그 '괜찮다'라는 말은 너무 억지스럽지도 않고 요란하지도 않은, 그야말로 조용하고 따뜻하게 용기를 북돋워주는 말이었다. 덕분에 요즘도 힘들 때마다 마치 누나가 옆에서 속삭이는 듯 작은 위로 소리가 들린다.

'괜찮아. 조금만 참아. 이제 다 괜찮아질 거야.'

사실 초등학교에 다닐 때만 해도 누나와 나는 그야말로 철천지원수였다. 누가 먼저랄 것도 없이 눈만 마주치면 치고받고 싸우는 게 일과일 정도로 사이가 좋지 않았다. 언젠가 아껴서 먹으려고 곶감을 하나 숨겨두었는데, 어떻게 알았는지 누나가 냉큼 찾아 먹고 말았다. 뒤늦게 이 사실을 알게 된 나는 또 다시 누나와 육탄전에 돌입했다.

누나와 정신없이 싸우다 보면 흥분해서 나도 모르게 펀치의 강약 조절에 실패할 때가 있다. 남자 친구들과 싸울 때처럼 '제대로' 한 방 먹이게 되는 것이다. 그래도 누난데, 그래도 여잔데, 누나의 눈물에 미안한 생각이 들어 그냥 맞아주기 시작했다. 누나는 아파서 울고, 나는 힘 조절을 못한 죄로 계속 맞아줘야 하는 억울한 마음에 울고, 둘이 함께 집이 떠나갈듯 울던 기억이 있다.

그렇듯 한때는 세상에서 제일 미운 사람이었는데 지금은 가장 사랑하는 사람 중 하나가 되었다. 내가 무엇을 하든 100퍼센트 믿고 지지해주는 사람, 힘든 일이 있으면 가장 먼저 조언을 구하는 사람이기 때문이다. 게다가 누나는 공부까지 잘해서 부모님이 나에 대한 공부 미련을 빨리 접으시고(하하!) 내가 가고 싶던 길을 갈 수 있게 도와주었다. 사실 나도 수학 함수를 배우기 전까지는 공부가 재미있고 성적도 괜찮았는데, 그 죽일 놈(?)의 함수 이후, 공부와는 같은 길을 갈 수 없는 사이가 되었다. 아무튼 우리 집 장남 같은 누나 덕에 개인적으로 많은 걸 얻었음은 분명하다.

아버지께도 감사 드린다. 한때는 나를 힘들게 했던 아버지셨지만, 그 '아버지의 반대가 없었다면' 오늘날의 대성이는 존재하지 않았을 것이다. 아버지가 처음부터 적극적으로 지원해주셨다면, 어쩌면 금방 음악에 흥미를 잃고 대강대강 하다가 끝났을 확률도 높다. 오히려 차갑고 냉정하게 대해주셨기 때문에 이를 악물고 끝까지 긴장을 늦추지 않을 수 있었다.

숨은 고수에게 전수받은 필살기

'생각은 에너지다', '내일은 오늘의 생각에 따라 결정된다'.

내가 좋아하는 문구들이다. 그래서 나는 잠자리에 들기 전에 꼭 기도를 통해 오늘을 반성하고 내일을 만드는 시간을 갖는다. 내가 원하는 내일의 내 모습, 내가 원하는 일들을 그리며 잠자리에 들면, 잠도 달콤하게 잘 온다.

사실 워낙 바쁜 스케줄에 쫓기다 보니 여유도 없어지고 웃을 일도 점점 줄어들 때가 있다. 많은 분들이 나에 대해 장난기 많고 발랄한 성격이라고 생각하지만, 나는 원래 낯을 많이 가리고 내성적인 성격이다. 그런데 워낙 밝은 이미지로 비춰지다 보니, 조금만 무표정하게 앉아 있어도 주변에서는 무슨 일이 있는 것 아니냐며 걱정을 한다.

그래서 기분이 별로여도 억지로 웃을 때가 많다. 웃을 기분이 아닌데 웃는 건 생각보다 훨씬 힘든 일이다.

그러던 어느 날, 누군가가 사무실 벽에 붙여놓은 '웃음 10계명'이라는 글을 보게 되었다. 처음에는 별 생각 없이 봤는데 아무리 애를 써도 웃음이 나오지 않던 날, '웃음 10계명'을 보며 웃는 연습을 시작했다. 그리고 억지로라도 웃다 보면, 어느새 진심으로 즐거운 미소가 나온다는 사실도 알게 되었다.

> **[웃음 10계명]**
>
> 1. 크게 웃어라. 크게 웃는 웃음은 최고의 운동법이며 매일 1분 동안 웃으면 8일 더 오래 산다. 크게 웃을수록 더 큰 자신감이 생겨난다.
> 2. 억지로라도 웃어라. 병이 무서워서 도망간다.
> 3. 일어나자마자 웃어라. 아침에 일어나서 웃는 웃음은 보약 중의 보약이다. 삼대가 건강하게 되며 보약 열 첩보다 낫다.
> 4. 시간을 정해놓고 웃어라. 병원과는 영원히 바이 바이(bye bye)다.
> 5. 마음까지 웃어라. 얼굴과 더불어 마음의 표정까지 중요하다.
> 6. 즐거운 생각을 하며 웃어라. 즐거운 웃음은 행복을 창조한다. 웃으면 복이 오고 웃으면 즐거운 일이 생긴다.
> 7. 함께 웃어라. 혼자 웃는 것보다 서른세 배 이상 효과가 좋다.
> 8. 힘들 때 더 웃어라. 진정한 웃음은 힘들 때 웃는 것이다.
> 9. 한 번 웃고 또 웃어라. 웃지 않고 하루를 보낸 사람은 하루를 낭비한 것이나 마찬가지다.
> 10. 꿈을 이뤘을 때를 상상하며 웃어라. 꿈과 웃음은 한집에 산다.

그래서 사람은 배워야 된다고 하나 보다. 웃음의 효과를 배우고 나니 더 잘, 더 환하게 웃게 되었다.

또 하나 소중한 배움의 순간이 떠오른다. 누구라고 할 것도 없이 모두 힘든 상황이기에, 멤버들 모두 서로에게 피해를 줄까봐 서로 조심하고 또 조심한다. 그리고 누가 그룹 이외의 활동을 시작하면, 서로서로 걱정하고 긴장하면서 하루 종일 전화와 문자로 안부를 묻거나 파이팅을 건넨다.

〈패밀리가 떴다〉라는 프로그램을 시작하기 전, 나는 낯선 사람들과 낯선 환경을 만나야 한다는 두려움에 꽤 긴장했었다. 멤버들은 "넌 단체생활에 이미 익숙하니까 걱정하지 말라."고 얘기했지만 어쩔 수 없이 긴장이 되는 건 사실이었다. 녹화 전날, 긴장감 때문에 잠도 안 올 정도였다. 그래서 '조용히 묻어만 가자'라는 생각으로 녹화에 임했다. 워낙 기가 센(?) 선배님들 틈에 있으니 중간에 끼어들거나 뭐라고 한마디 하기도 어려웠다.

그런데 내가 잘 적응하고 있나 걱정이 되었는지, 멤버들한테 문자가 계속 날아왔다. 녹화를 마치고 오는 길에 '주눅이 들어서 별로 말을 많이 못 했다'고 답장을 보내자, 멤버들은 하나같이 응원의 메시지를 보내주었다.
"대세는 대성! 파이팅~."
"누구야, 우리 대성이 말도 못 하게 한 사람이! 형아가 혼내줄게!"
"뭐야 뭐야, 다음 주에는 '빅뱅이 떴다'로 몰려가자."
유머러스한 멤버들의 문자는 얼어 있던 내 마음을 단숨에 녹여주었다. 그리고 마침내 하하 형에게서 운명의 문자를 한 통 받았다.

"전체적인 상황과 조화를 생각해라. 예의는 카메라가 꺼진 다음에 챙기면 된다."

'예.의.는.카.메.라.가.꺼.진.다.음.에.챙.기.면.된.다.'

강호의 숨은 고수에게 오래 전부터 전해져 내려오는 가문의 필살기를 전수 받은 기분이었다.

"그래, 걱정거리를 늘어놓을 시간에 최선을 다하자. 호랑이 같은 아버지의 고집도 꺾은 난데, 이렇게 응원해주는 사람이 많은데 못할 게 뭐 있어?"

아흔아홉 개를 가지고도 하나가 부족하다고 한숨짓는 사람이 있는가 하면, 단 하나를 가지고 두 개를 만들겠다는 희망을 품는 사람이 있다고 한다. 이렇게 많은 사랑을 받고 있고, 다른 사람들보다 훨씬 많은 것을 가졌음에도 불구하고 내가 그만 욕심을 부렸나 보다. 무엇이든 혼자만의 힘으로 해낼 수 있는 건 거의 없다.

긍정본능 대성 #3

나는
'긍정 바이러스'이고 싶다

친구는 인생의 예금통장과도 같다

중학교 때만 해도, 나는 승리와 비슷한 성격을 가지고 있었다. '승리와 비슷한 성격이라면 도대체 어떤?' 하고 궁금해 하는 분이 있을 것이다. 그건 바로 무슨 일이든 겁내거나 주저하기보다는 '내가 못할 게 뭐 있어?' 하는 생각으로 일단 덤비고 보는 스타일을 말한다.

어떻든지 간에 일단 '시도했다'는 것에 의의를 두고, 가능성이 있다 싶으면 무조건 부딪히는 성격이었다. 그리고 나서도 아니다 싶으면, 미련 없이 포기할 줄도 알았다. 그런데 성대 결절 후 '나도 못하는 게 있구나, 부족한 게 많은 사람이구나'라는 생각에 매사에 더 신중해졌다.

그러다 보니 조금씩 성격이 내성적으로 바뀐 것 같다. 어려운 일이 있어도 가족은 물론이고 멤버들에게마저 고민을 입 밖으로 잘 내놓지 않는다. 그 때문인지 가끔은 외롭다는 생각이 들기도 한다. 내게 필요한 것은 맛있는 음식이나, 멋진 풍경, 좋은 옷이 아니라 그저 오랫동안 나를 알고 있던 편한 친구들이다.

연습생 시절에는 내가 가진 꿈을 좇기 위해 친구들을 배려할 겨를도, 친구들을 만날 마음의 여유도 없었다. 나의 그런 모습이 친구들 입장에서는 '연예인 준비를 하더니 마음이 변한 것'으로 보였나 보다. 서로 연락하는 횟수가 줄어들기 시작하더니 끝내 연락이 끊기고 말았다. 친구들 역시 화려하게 바뀐 내 모습을 보고 '예전의 강대성이 아니잖아'라고 생각해 연락을 하지 못했다고 한다. 그렇게 서로 상대방이 먼저 연락을 해주겠거니 하면서 1년이 지나가버렸다.

목마른 사람이 우물을 판다고, 기다림에 지친 내가 먼저 전화를 걸었다. 1년 만의 통화가 어찌나 설레던지, 짝사랑하는 여자 친구에게 처음으로 전화를 거는 심정이 이럴까 싶었다. 친구들에게조차 지금의 내가 조금 특별해 보이는 줄 알았더라면, 그들이 부담 갖기 전에 내가 먼저 다가갔어야 했다. 바쁘고 정신없다는 이유로 소홀히 하기에는, 내게 그들의 의미는 너무나 크다.

잊혀지고 멀어지는 것만큼 슬픈 일도 없을 것이다. 주는 만큼 받는다고, 특히 친구들과의 우정은 은행에 만들어둔 예금통장과 같아서 무한한 신뢰와 믿음이라는 이자를 돌려준다. '친구를 갖는다는 것은 또 하나의 인생을 갖는 것과 같다'는 말이 있다. 이 얼마나 멋진 말인가! 나의 또 다른 인생이 그 빛을 잃지 않고, 언제 어디서나 반짝반짝 빛났으면 좋겠다.

미소천사 강대성, 나를 만들어준 인생의 책

내게 '인생의 책'을 꼽으라면 단연 조엘 오스틴(Joel Austin)의 《긍정의 힘》이다. 이 책을 쓴 조엘 오스틴 목사님은 하도 잘 웃어서 '웃는 목사(the Smiling Preacher)'라는 별명을 가졌다고 한다. 그 사실을 알게 된 순간, 한 번도 만난 적이 없는 분인데도 왠지 모를 친근함과 동질감이 느껴졌다. 내 입으로 말하긴 부끄럽지만 내 별명도 '미소천사'가 아닌가.

사람들이 바라보는 강대성은 긍정적이고 밝은 캐릭터지만, 사실 내가 보는 내 모습은 어둡고 침침한 구석도 많다. 특히 안 좋은 일이 생기거나 잘못된 일이 벌어지면 스스로를 꾸짖는 스타일이고, 송곳처럼 예민해져서 누구도 옆에 다가올 수 없을 정도로 냉랭해질 때도 있다.

데뷔 초 성대 결절로 고생할 때는 특히 심했다. 목 상태가 엉망이다 보니 무대에서 소위 '삑사리'를 내는 경우가 허다했고, 그런 날은 아무도 내게 다가오질 못했다. 나중에 사람들에게 들어보니, 도저히 말을 걸 수 없을 정도로 어두운 그림자가 내 주변을 감싸고 있었다고 한다. 스스로에 대한 분노를 억누르지 못해 힘겨워 하는 모습이 그만큼 음울한 분위기를 형성한 모양이다. 그때는 다른 사람의 기분을 생각해줄 여유가 없었다. 그만큼 나에 대한 실망과 분노 때문에 극도로 좌절한 상태였다. 나 자신도 감당할 수 없는 감정에 휩싸여 눈을 감고 입을 닫고, 한없이 좌절의 나락으로 떨어지기만 했다. 그때의 나는 '미소천사'보다는 '뿔난황소'에 가까웠다.

그런데 대중들이 보는 나는 항상 유쾌하고 긍정적이다. 데뷔 초에는 그런 차이 때문에 힘이 들었다. '사람들에게 비치는 내 모습이 가식은 아닐까' 하는 고민마저 생겼다. 하지만 고민은 오래가지 않았다. 주위에서 워낙 밝은 아이로 생각해주시다 보니, 어느새 그런 평가에 스스로가 동화된 것이다. 안 좋은 일이 있어도 '긍정 하면 강대성인데, 이런 일로 기죽으면 안 되지'라며 마인드컨트롤을 하게 되었다. '내가 생각하는 나'보다 '사람들이 생각하는 나'에 초점을 맞추다 보니, 자연스레 그쪽에 나를 맞춰간 것이다.

즐거운 사람이 되고 싶다. 나로 인해 사람들이 행복해질 수는 없어도 최소한 불편해지지는 않았으면 좋겠다. 아니, 되도록 행복해졌으면 좋겠다. 조엘 오스틴 목사님이 많은 사람들에게 희망과 의지를 전파한 것처럼, 나 자신이 '긍정 바이러스'가 되어 사람들에게 웃음을 주고 싶다. 그것이 내게 너무나 많은 것을 알려주고 베풀어준 사람들에게 보답할 수 있는 행복한 일이기 때문이다.

이 세상에 무모한 도전이란 없다

빅뱅으로 데뷔하고 왕성한 활동을 펼치면서, 한 가지 생각이 고개를 들었다. 다섯 명이 함께하는 활동에 충분히 감사하고 만족했지만, 문득 '나를 혼자 똑 떼어냈을 때, 나만의 역량은 어디까지일까?'가 궁금해졌다. 만약 나 혼자서 도전한다면 얼마나 해낼 수 있을지, 내 능력을 시험해보고 싶다는 소망이 생긴 것이다. 솔직히 잘할 수 있으리라는 자신감은 없었지만, 한계를 알아야 극복도 할 수 있기에 도전만은 해보고 싶었다.

매일매일 바라고 또 바랐다. 내가 지닌 달란트의 크기를 알아볼 계기를 갖고 싶다고, 멤버들에 대한 의존에서 벗어나 한 번쯤은 혼자 힘으로 서보고 싶다고. 밥을 먹으면서, 침대에 누워서, 이동하는 차 안에서…, 틈이 날 때마다 생각했다. 기회를 갖고 싶다고, 그리고 기회가 꼭 찾아올 거라고.

그런데 정말 믿음이 현실로 이루어졌다. 뮤지컬 〈캣츠〉의 출연 제의를 받은 것이다. 구체적으로 무엇을 하고 싶다는 생각도 없이 그냥 막연한 바람을 품었을 뿐인데, 이렇게 멋진 일로 실현되다니! 설렘과 희열에 온몸에 전율이 느껴졌다.

제안을 받고 나서, 오리지널 팀의 공연을 보면서 욕심이 더욱 커졌다. 두세 번 반복해서 봤는데, 보고 또 봐도 새롭고 매력적인 공연이었다. 캐릭터 하나하나가 살아 움직이는 생동감에, 의자에 앉아 있는데도 몸이 근질거리고 엉덩이가 들썩거릴 정도였다. '내가 저 무대에 설 수 있다니, 내가 저 역할을 맡을 수 있다니….' 손등을 꼬집어 '이게 꿈이냐 생시냐?' 확인해볼 만큼 믿기지 않는 일이었다.

뮤지컬 연습 과정은 즐거움의 연속이었다. 덕분에 두세 배로 바빠졌지만 뮤지컬 연습만 가면, 어디에 숨어 있었는지 모를 힘이 절로 솟아났다. 새로운 세계의 문을 두드리는 그 설렘과 기대가 나를 들뜨게 했던 것 같다. "안녕하세요~. 대~성~입니다~." 연습실 문을 열고 들어갈 때마다 일부러 더 힘차게 외치며 들어갔다. 나 스스로에게 기합을 넣는 의미이기도 했다. '오늘 하루도 최선을 다하자'는 나름의 응원 방법이었던 것이다.

심지어 민망한 타이즈 차림마저도 웃으며 즐길 수 있었다. 이미 방송에서 말한 적이 있지만, 재미있는 에피소드도 있었다. 모든 배역이 고양이를 연기해야 하는 작품의 특성상, 무대 의상은 온몸에 착 달라붙는 '쫄쫄이(?)'.

처음에는 부끄럽고 창피해서 평상복을 입고 연습했는데, 다른 배우들은 모두 그 의상을 입고 실전처럼 연습에 임하는 게 아닌가? 함께 출연

'희망을 품는 순간 기적이 일어난다.'
긍정의 힘은
내 삶의 나침반이자 원동력이다.

했던 옥주현 누나가 "지금부터 입어둬야 나중에 무대에서 적응된다."고 조언을 해주셔서, 간신히 용기를 내어 의상을 입고 연습에 나갔는데 아뿔사! 하필이면 그날은 보컬 트레이닝을 받는 날이었다. 선배님들은 다들 쫄쫄이 의상 대신 편안한 트레이닝복을 입고 오셨는데, 나 혼자 몸에 쫙 붙는 타이즈를 입고 간 것이다. 아, 그 발가벗은 기분이라니….

하지만 나는 고양이이니, 그 모습을 더 이상 부끄러워해서는 안 됐다. 당시에는 무슨 일이든 신나고 재미있기만 했다. 이미 내 온몸은 '열정과 긍정의 바이러스'에 전염된 상태였기 때문이다. 그것은 해독제가 필요없는 행복 바이러스였다.

믿는 만큼 이루어진다

〈캣츠〉 뮤지컬 첫 무대의 감흥은 지금도 잊을 수 없다. 공연 중 오랫동안 가만히 누워 있는 씬(scene)이 있었는데, 문득 뮤지컬 연습할 때가 떠올랐다. 출연 제의를 받고 기쁨을 주체하지 못했던 일, 절대적으로 부족한 연습 시간 때문에 전전긍긍 조바심을 냈던 일, 조금씩 고양이 연기가 자연스러워지는 나를 발견하고 스스로 대견해 했던 일….
'지금 내가 이 무대 위에 있다니, 이건 기적이야. 기적!'

공연을 마치고 쏟아지는 박수갈채에, 잘 울지 않는 나조차 눈물이 맺힐 정도였다. 열심히 공연을 준비한 출연진과 스태프 모두를 향한 박수였지만, 가수가 아닌 뮤지컬 배우로서 받는 첫 번째 박수였기에 그 순간만은 나를 향한 축하라는 생각이 들었다. 더욱이 부모님 연배의 어른들이 환호를 보내주시는 일은 처음이어서, 특히나 감회가 남달랐다. 공연 내내 숨죽이고 경청하던 분들이 공연이 끝나자마자 참았던 열광과 환호를 터뜨리는 모습이 무척이나 인상적이었다.

빅뱅 오디션을 준비하는 순간부터 내게는 기적 같은 일이 끊임없이 일어나고 있다. 팀의 리더인 G-Dragon 형과 태양 형만 봐도 최소 6~7년은 연습한 사람들이었다. T.O.P 형도 중학교 때부터 언더그라운드에서 활동을 했고, 막내 승리도 광주에 있을 때 댄스 팀에서 활약했다. 그런 사람들과 함께 오디션을 봤는데, 나는 마치 고속전철이라도 탄 듯 1년 만에 그들과 같은 자리에 서게 되는 행운을 누렸다.

양 대표님 앞에서 첫 오디션을 보던 날, 너무 떨려서 노래를 잘 못했던 기억이 생생하다. 그런데 몇 달 뒤 대표님은 내가 오디션에 붙은 이유 중 하나가 바로 '환하게 웃는 모습' 때문이었다고 말씀하셨다.

'긍정 에너지의 법칙'이라는 것이 있다고 한다. 자신이 믿는 만큼 실현된다는 말인데, 예를 들어 '난 안 돼' 혹은 '나 따위가 무슨…' 같은 부정적인 생각을 하면 정말 안 좋은 결과가 나온다는 것이다. 나쁜 결과를 예상하고 불안해 하면 그런 생각들이 더 안 좋은 생각들을 불러들이고, 계속해서 나쁜 일들이 벌어진다고 한다. 반대로 '할 수 있어', '내 인생은 정말 멋져'처럼 긍정적인 생각을 하면 실제로 좋은 일이 생긴다는 것이 이 법칙의 핵심이다.

만약 누군가 어디선가 불투명한 내일 때문에 한숨 쉬고 있다면, '할 수 있는 게 없다'며 포기하고 싶다면, 무엇을 해야 할지 몰라 고민하고 있다면, 오늘부터 '나는 할 수 있다, 내가 원하는 세상을 살게 될 것이다'라는 생각부터 해보길 권하고 싶다.

어렵지 않다. 그냥 생각만 바꾸면 된다. 대성이도 했는데 그 누군들 못할소냐!

삶은 언제나 나에게 희망의 노크를 한다

인터넷 서핑을 하다가 우연히 '강대성, 너의 변신의 끝은 어디니?'라는 제목의 글을 본 적이 있다. 빅뱅 활동부터 트로트, 버라이어티, 뮤지컬, 음악프로그램 MC 등에 도전하는 나에 대해 '변신'이라는 단어로 평가한 글이었다.

날아갈 듯한 기분이었다. 다양한 활동이 내 능력에 어울리지 않는 무모한 도전이 아니라, 다채로운 변신으로 보인다니! 그간의 노력이 헛되지 않았다는 생각에 보람도 느꼈다.

솔직히 고백하자면, 나에게는 나쁜 버릇이 한 가지 있다. 문제가 생겼을 때, 주위 사람들에게 도움을 청하면 금방 해결될 것도 혼자서 해결해보려고 끙끙대는 것이다. 결국 문제가 커질 대로 커져서 수습이 불가능한 상황에 이르러서야, 어쩔 수 없이 SOS를 요청하곤 한다. 다른 사람에게 폐를 끼쳐서는 안 된다는 일종의 강박관념 같은 것이 있어서, 늘 혼자서 문제를 껴안고 있다가 사태를 악화시키는 것이다.

〈패밀리가 떴다〉,〈캣츠〉,〈쇼! 음악 중심〉에 동시에 출연할 때도 그랬다. 스케줄이 많다 보니 체력적으로나 정신적으로 한계에 부딪혔는데, 아무에게도 이야기하지 못하고 혼자 끙끙대고 있었다. 작은 눈송이만 했던 문제가 눈사람만큼이나 커지는 경험을 하고 나서야, 이 버릇을 고치려고 노력 중이니 참 미련하기도 하다.

여러 가지 활동을 병행하다 보면 시간이 모자라 이런저런 어려움이 따르게 마련이다. 아무리 잠을 줄여도 시간이 절대적으로 부족하기 때문에 안타깝고 짜증 날 때가 한두 번이 아니다. '왜 하루는 고작 24시간뿐이지?' 하고 말도 안 되는 원망을 할 때도 있다. 특히 〈캣츠〉를 준비할 때는 연습 시간이 너무 부족해서 스케줄을 관리하는 실장님께 "연습을 안 하고 어떻게 공연을 해요? 연습할 시간은 주셔야죠!" 하며 항의를 하기도 했다.

말이 튀어나간 그 순간부터 후회가 밀려왔다. 바쁜 스케줄을 뻔히 알면서 뮤지컬에 욕심을 낸 건 난데 다른 사람 탓을 하다니, 죄송스러운 마음에 몸 둘 바를 몰랐다.

하지만 그때 당시에는 마음이 조급했다. 할 일이 많은데 시간은 부족하다 보니까, 할 수 있다면 다른 사람의 시간이라도 빌려오고 싶은 심정이었다. 열심히 하겠다는 의욕을 가지고 도전한 분야들인데 결국 나의 지나친 욕심으로 모두 실패하는 건 아닌지, 나 때문에 다른 사람들에게 피해를 주는 건 아닌지 걱정스러웠다.

밥 먹는 시간도 줄이고, 잠자는 시간도 줄이고, 어떻게든 짜낼 수 있는 시간은 모조리 짜내서 연습에 임했다. '시간'과의 싸움은 힘들지만, 그렇다고 시간만 탓하며 앉아 있을 수는 없는 노릇이었다.

지금도 하고 싶은 것이 너무 많다. 이루고 싶은 꿈이 많다. 그리고 분명 그 꿈이 이루어질 거라고 믿는다. 그런데 힘들다고 여기서 쉬어버리면 그것은 내 꿈들에 대한 예의가 아니다. 내쉬는 숨결 하나, 옮기는 걸음 하나에 꿈을 향한 믿음을 심는다.

그래서 나는 오늘도 웃는다. 소망을 놓는 순간 절망이 남지만, 희망을 품는 순간 기적이 일어난다고 하지 않는가. 삶은 언제나 우리에게 희망의 노크를 하고 있다.

내게 '긍정'이라는 습관이 없었다면, '가수가 되고 싶다'는 막연한 꿈을 그냥 꿈으로만 묻어두었을지 모른다. 내가 할 수 있는 것은 잠시 동안의 실패와 좌절에 빠졌을 때, '긍정'이라는 페달을 힘껏 밟아 다시 원래의 자리로 돌아오는 것이다.

● STAFF가 본 대성

"일단 부딪혀보려고요. 잘되면 잘되는 거고, 안되면 안되는 거죠 뭐."

대성은 의지가 무척 강한 데다 성실하기로는 흠잡을 데가 없다. 멤버들의 운동 트레이닝은 각자의 체력과 체격조건, 선호하는 운동 스타일에 따라 구성된 맞춤식 프로그램으로 진행되는데, 가끔 중간에 포기할 것까지 생각해서 조금 초과된 운동량을 시키기도 한다. 분명 다 해내기 힘든 분량인데도, 대성은 정해진 운동량을 반드시 다 해낸다.

예를 들어, 팔굽혀펴기를 열두 개씩 열 세트 하라고 하면, 다른 친구들은 "팔굽혀펴기 대신 다른 것을 더 많이 하면 안 될까요?" 하고 협상(?)을 시도한다. 그런데 대성은 말없이 그냥 다 한다. 본인 체력에 비해 초과된 운동량이라 상당히 힘들 텐데도, 해야 한다고 생각하면 교과서처럼 또박또박 해낸다. 나중에 "그거, 너 중간에 포기할 거 예상하고 훨씬 더 많이 하라고 한 건데…."라고 고백하면 "아, 정말요? 어쩐지, 힘들더라." 하고 쑥스럽게 웃는 게 다다.

놀라우리만치 강인한 인내심이 있기 때문에, 아무리 힘든 일이 생겨도 잘 이겨내고 헤쳐나가리라 믿는다. 처음 버라이어티 프로그램에 출연한다고 했을 때 사실 좀 걱정이 되긴 했다. "괜찮겠느냐?"고 물어보았더니 대성은 "일단 부딪혀보려고요. 잘되면 잘되는 거고, 안되면 안되는 거죠 뭐. 잘될 때도 있고 별로일 때도 있으니까, 그냥 경험한다 치고 해보려구요." 하고 담담하게 대답했다. 대성은 그런 친구다. 작은 일에 흔들리지 않고 우직하게 자기 길을 간다. 별로 걱정하는 것도 없고, 두려워하는 것도 없다.

— 황상찬, 헬스 트레이너

5년 후가 너무 기대되는 대성

대성은 춤을 전혀 배우지 않은 친구였다. '다른 멤버들을 따라갈 수 있을까, 춤을 소화할 수 있을까' 싶어 다소 걱정스러웠는데 신기하게도 가르쳐주는 대로 곧잘 따라왔다. 춤에만 국한된 것이 아니다. 춤이든 노래든 악기든 무엇을 가르쳐도, 어떻게든 자기 것으로 만들어낸다. 한마디로 센스가 뛰어난 친구다.

이 친구의 센스는 유머감각에서도 드러난다. 대성은 누구도 부인할 수 없는 팀의 분위기 메이커다. 특히 상대방을 기분 좋게 해주는 미소를 빼고서는 대성을 이야기할 수 없다. 하지만 그 미소 안에는 생각이 너무 많은 또 다른 대성이 있다. 그래서 누가 봐도 대성이 잘할 수 있을 것 같은 일이고, 막상 닥치면 너무나도 잘해내는데, 일을 시작하기 전에 걱정을 많이 한다. 게다가 벽에 부딪혔다고 생각할 때는 주변 사람들에게 도움을 구해도 좋으련만, 끝까지 혼자 아픔을 감내하는 성품이다. 이러한 과정을 통해 자신도 모르는 성장을 거듭하는 것은 분명하다.

대성은 인간적으로나 음악적으로나 정말 진국이다. 모든 멤버가 그렇지만 특히 대성의 발전가능성은 정말 무궁무진하다. 그래서 나는 5년 후, 대성의 모습이 너무 기대된다.

— 이재욱, 댄스 트레이너

"저런 아들 하나만 있으면 소원이 없겠다"

겉으로만 봤을 때는 가장 욕심이 없어 보이는데, 실은 욕심이 많은 멤버다. 그러기에 자신에게 호되고 엄격하다. 자기가 원하는 만큼 성과가 나오지 않으면 스스로를 심하게 몰아세워서, 보는 사람이 안타까울 정도다. 숙소에서도 항상 가장 먼저 일어나고 제일 먼저 준비를 끝마치는 데다, 궂은일도 선뜻 나서서 맡는 '성실' 그 자체다.

자기 자신에게는 엄격한 반면, 주위 사람들에게는 너그럽기 그지없다. 끊임없이 사람들을 즐겁게 해주려고 노력하는데, 실제로도 대성 특유의 친화력은 남녀노소 불문하고 어디에서나 환영받는다. 오래 알고 지낸 모든 분들이 늘 이런 말씀을 하실 정도다. "저런 아들 하나만 있으면 소원이 없겠다!"라고.

처음에 만났을 때는 대뜸 '이모'라고 불러서 깜짝 놀랐다. 나이를 묻더니 바로 "그럼 이모네요?"라고 하기에, '뭐 이런 애가 다 있나?' 하고 생각했는데, 그 '이모'라는 호칭 때문에 더 빨리 친해진 것 같다.

이처럼 자신에게는 엄격하고 타인에게는 관대한 외유내강의 특징이 대성을 이끌어가는 에너지의 축이다.

— **배민경**, YG엔터테인먼트 A&R팀장

Stage 4

너만의
캐릭터로 승부하라

뚝심본능 T.O.P

"간절한 소망. 그 하나만을 위해 이곳까지 왔다.
지금 내가 서 있는 곳이 어디인가? 스스로에게 질문을 던져보아도 명확하지 않다.
그러나 또 다른 나를 발견하는 그 순간, 이 모든 방황은 끝날 것이다.
나는 나에게 어깨를 내어줄 또 다른 나를 찾아야 한다."

T.O.P
본명 최승현 **태어난 날** 1987년 11월 4일 **특기** 랩, 작사, 비트박스
＊KBS2 드라마 〈아이엠 샘〉 출연

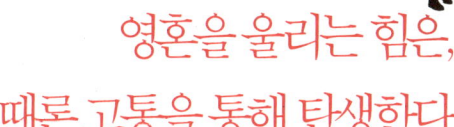

뚝심본능 T.O.P #1

영혼을 울리는 힘은, 때론 고통을 통해 탄생한다

음유시인이 되고 싶었던 나

초등학교 5학년 무렵부터였던 것 같다. '힙합'이라는 음악이 나를 사로잡은 것은. 하루 종일 음악을 듣고 랩 가사를 받아 적고, 그야말로 '음악'에 미쳐 살았다.

힙합에 대해서 이야기를 하려면, 미국 힙합의 계보에 대해서 먼저 간단히 설명해야 할 것 같다. 내가 힙합을 접했을 당시, 미국에는 이스트 코스트(east coast) 계보와 웨스트 코스트(west coast) 계보가 양대 축을 이루고 있었다. 우탱클랜(Wu-Tang Clan)이나 노토리어스 비아이지(Notorious B.I.G.)로 대표되는 이스트 코스트 힙합은 뉴욕이 본산이다.

이들은 랩과 가사 중심의 성향이 강하다. 반면 투팍(2Pac)이라는 아주 강력한 뮤지션이 자리 잡고 있던 LA를 중심으로 하는 웨스트 코스트 힙합은 멜로디 중심의 성향이 강했다.

나를 사로잡은 것은 이스트 코스트 계열의 힙합이었다. 당시 한국에서는 웨스트 코스트 계열의 힙합을 듣는 사람들은 많았지만, 이스트 코스트 계열의 힙합을 즐기는 사람은 그리 많지 않았던 것으로 기억한다. 나는 그들의 힙합을 듣고 랩 가사를 받아 적으면서, '아, 이 음악은 정말 남자로서 해볼 만한 장르구나' 하는 생각을 많이 했다.

나도 그들처럼 '나만의 철학과 메시지를 전달하는 음유시인 같은 존재'가 되고 싶었다. 그들의 음악에 담긴 가사들은 대개 사나이들의 세계를 표현한 것으로, 대략적인 느낌만 소개한다면 '우리 집은 너무 가난했고 나는 최악의 삶을 살았다. 하지만 나는 이제 성공을 했고, 지금 우리 어머니 아버지는 목이 마를 때면 물 대신 샴페인을 마신다'는 식이었다. 때로 폭력적이거나 아주 어두운 가사들도 많았지만, 남자로서 인생에서 한 번 가져봄직한 야망이나 솔직함 같은 것을 느낄 수 있었고, 한편으로는 내 안에서 그런 모습에 대한 로망이 생기기도 했던 것 같다.

중학교에 들어가면서 나는 꽤 주목을 받았다. 키도 또래보다 컸고 어린애에게서는 찾아보기 힘든 '힙합 스타일' 때문이었나 보다. 어렸을 때부터 옷에 관심이 많아서 당시 친구들은 입지 않던 힙합 브랜드들을 즐겨 입곤 했다. 부모님이 사주지 않으셔도 용돈을 안 쓰고 아껴 두었다가 정말 사고 싶은 옷을 사곤 했다.

공부에는 거의 관심이 없었고 선배들의 주목을 많이 받다 보니, 흔히 어른들이 말하는 '질이 안 좋은 친구들'과 어울리기 시작했다. 물론 지금의 나에게는 소중한 친구들이지만, 사회의 냉정한 시각으로 봤을 때는 '탈선아'들로 분류되는 그런 친구들이었다. 그렇게 머리가 커가던 무렵, 나는 보지 말고 경험하지 말아야 할 것을 많이 목도하게 되었다.

그때는 감성이 풍부해지고 고민이 많던 시기라, 난생 처음으로 인생의 '아픔'이랄까 혹은 '두려움' 같은 것을 느꼈던 것 같다. 긍정적인 면의 인생보다는 부정적인 면의 인생을 더 일찍 보았다고 할까? 물론 어른들이 하지 말라는 일만 골라서 하는, 친구들의 의미 없는 짓도 문제다. 하지만 그런 아이들을 바로잡아주고 인도해주기보다는 무조건 처벌로 일관하는 어른들도 싫었다. 아이들의 행동을 타이르기보다 강한 처벌로 응징하며 더 헤어나올 수 없는 상황으로 몰아가는 어른들, 그리고 그 상처와 충격으로 점점 더 어긋나는 아이들.

선생님을 비롯한 어른들은 이제 중학생밖에 되지 않은 아이들을 '나쁜 놈'으로 몰고가기만 했고, 부모들은 '탈선한 자식을 둔 죄인'이 되어 고개를 숙이고 눈물을 흘려야 했다. 처음부터 아주 심하게 빗나가지 않았던 아이들도, 징계를 받아 전학 조치가 되거나 다른 동네로 쫓겨나고 나면, 새로 옮겨간 그 학교에서는 문제아로 지목되어 더 심하게 나빠지는 쪽으로 전락하곤 했다. 그렇게 친구들이 변하는 과정을 보면서, 뭔가 어둠의 수렁 같은 곳으로 계속해서 빠져들고 있는 것 같은 느낌이 들었다.

꿈의 희미한 그림자를 발견하다

더 이상 '아픈 세계'에 머물러 있지 말자고 결심하게 된 결정적인 계기는 중학교 3학년 때 찾아왔다. 친한 친구가 오토바이 사고로 세상을 떠난 것이었다. 얼마 되지 않아 또 다른 친구가 무면허 운전으로 사고를 내서 죽고 말았다.

하지만 그들의 죽음을 바라보는 사회의 시선은 냉랭하기만 했다. 아무도 관심 가져주지 않는 죽음…. 다른 친구들도 주변의 손가락질에 떠밀려 전학을 가고, 이제 동네 친구들 중에 같은 학교를 다니는 친구는 한 명도 남지 않았다. 그렇게 하나씩 떠나가는 친구들을 보면서, 이렇게 인생을 허비하는 게 부질없이 느껴졌다. 그리고 서서히 마음을 잡아가기 시작했다.

하지만 현실은 여전히 만만하지 않았다. 전학을 가면 그 학교에서는 여지없이 소문을 듣고 나타나 시비를 걸며 괴롭히는 녀석들이 등장했다. 선생님들 역시 나를 경계하기만 할 뿐, 적극적으로 나서서 상황을 바로잡아주거나 조언을 해주는 분이 없었다. 그저 투명인간처럼 버텨내는 수밖에 없었다. 점점 학교에 가는 일이 싫어지기 시작했다.

만약, 지금 나와 비슷한 학창시절을 보내는 친구들이 있다면, "지금 여러분이 하고 있는 행동은 부질없고 창피한 일."이라고 말해주고 싶다. 지금은 자신의 모습이 멋있게 느껴지겠지만, 다른 누군가에게 멋지게 보이기 위해 스스로를 망가뜨리는 건 정말 어리석은 짓이라고.

 그 중학교 3학년 무렵부터, 본격적으로 가사를 쓰기 시작했다. 말수가 적어지고 생각하는 시간이 많아진 것도 그 무렵의 일이었던 것 같다. 꼬리에 꼬리를 물고 생각을 하면서 가사를 쓰다 보니, 생각은 점점 더 깊고 어두워지기만 했다. 너무 깊이 생각에 잠긴 탓에, 나 스스로도 감당할 수 없을 고민들에 사로잡혔던 것이다.

 하지만 다행히 내가 되고 싶은 것, 하고 싶은 것에 대해서만큼은 잡념이 들거나 갈등을 한 적이 없었다. 무조건 힙합과 관련된 일을 하고 싶었던 내가 장래희망으로 꼽은 것은 두 가지였다.
 한 가지는 래퍼가 되는 것, 그리고 다른 한 가지는 전혀 엉뚱하게도 '힙합 멀티숍'을 만드는 것이었다. 당시로서는 힙합 관련 물품을 접하기가 힘들었고 대부분 수입품들이었기 때문에, 접하기 힘든 제품들을 한곳에 진열한 멋진 힙합 멀티숍을 해보면 어떨까 생각했던 것이다. 지금 돌이켜보면 엉뚱하기 짝이 없는 꿈이었지만, 무작정 실행에 나섰다.

어른에게는 어른의 몫, 아이에게는 아이의 몫이 있다

이태원에 직접 찾아가 힙합 옷가게에서 아르바이트를 시작했다. 힙합 음악을 실컷 들을 수 있고 좋아하는 옷들을 볼 수 있다는 것만으로도 좋았다. 게다가 '직접 장사를 경험하면서 곁눈질로 경영에 대해서 배우다 보면, 나중에 내 꿈인 힙합 멀티숍을 하는 데도 도움이 되지 않을까?' 그런 막연한 생각도 들었다.

그런데 몇 달 되지 않아 '내 생각만큼 쉬운 일이 아니구나' 하는 결론이 내려졌다. 그런 일을 어른들이 하는 데에는 다 그 이유가 있는 거라고. 정신적으로도 충격을 받는 일이 많았지만, 무엇보다 육체적으로 힘들었다.

판매를 하기 위해선 밖에 나가서 손님들을 끌어와야 했다. 사장이 원하는 대로 수단과 방법을 가리지 않고 '많이' 팔아야 했기 때문이다. 저녁 7, 8시에 일이 끝나면, 새벽시장에 가서 직접 물건을 떼어 와야 했다. 그리고 새벽 3, 4시에 다시 가게로 돌아와 떼어 온 물건을 모두 정리한다. 일을 제대로 못하면 욕을 먹을 뿐 아니라, 장난 반 진심 반으로 손찌검도 당해야 했다. 당시 어린애에게는 제법 큰 4만 원 정도의 일당이었지만, 사장은 그마저도 "어린 녀석이 무슨 돈을 밝히냐."며 은근슬쩍 떼어먹곤 했다.

물론 생계를 위해 시작한 일은 아니었다. 어린 마음에 갖고 싶은 것을 사고 싶고 그 세계를 구경하고 싶어 멋모르고 시작했던 일이지만, 생각만큼 쉬운 일이 아니었다. 쓴맛만 보고 가게를 그만두었다.

그때부터 랩을 본격적으로 하기 시작했다. '힙합 멀티숍이 아니라면, 래퍼의 길을 가자' 하고 생각했던 것이다. 당시에는 너무 어려서 두려운 게 없었던 모양이다. 내가 하고 싶은 것을 시작하면 뭐든 잘할 수 있을 것 같았다.

처음엔 공연을 하고 싶어서 혼자 이곳저곳을 찾아다녔다. 아는 사람이 별로 없으니 한계가 많았다. 당시 힙합 클럽에서는 DJ들이 인기가 많았는데, 당시 이슈가 되는 힙합 음악을 가장 많이 알고 있는 사람들이었다. 나보다 다섯 살 나이가 많았던 DJ 디 메이커(D-maker) 형을 통해서 주변에서 랩을 하는 사람들과 만나 객원 멤버로 활동하거나 서로 조인트 공연을 하곤 했다. 내게 있어 새로운 세상이 열리기 시작한 것이다.

"언더그라운드에서 손꼽히는 래퍼가 되자"

그때는 가수라는 꿈을 키우기보다는 '언더그라운드(underground)에서 유명한 래퍼가 되자'는 고집스러운 정신이 있었던 것 같다. 실상 '오버그라운드에서 실력을 인정받는 래퍼들'은 소수에 불과했기 때문에, '진정한 랩을 하고 싶다면, 여기 언더그라운드에서 진짜 힙합을 해야 한다'는 생각에 사로잡혀 있었다.

그러다가 고등학교 2학년 즈음에, 공연하던 클럽에서 여자 친구를 만나 사귀게 되었다. YG엔터테인먼트에 들어오기 전까지, 약 1년 정도 만났던 것 같다. 나보다도 연상인 데다 그녀의 주변에는 번듯한 대학생들이 많았으니, 멋져 보이고 싶었던 모양이다. 여자 친구 앞에서 미래의 비전을 말하는 내 목소리에는 점점 더 강한 확신이 스며들었다. 누군가에게 꿈을 소리 내어 설명하는 동안 그 꿈의 실체가 점점 더 명확해진다고 하는데, 그런 느낌이었다.

'인정받는 래퍼가 되고 싶다'는 막연한 생각 안에 담겨 있는 내 열망의 실체가, 내가 알고 있던 것보다 훨씬 더 크다는 사실을 발견하게 되었다. 그때 처음 'TV에 나오는 래퍼가 되자'는 생각도 했다. 데모 CD를 만들어서 지용이에게 건네주게 한 직접적인 계기는 그 여자 친구였던 셈이다. 결국 YG에 들어가면서, 만난 지 1년 정도밖에 안 되어서 그 여자 친구와는 결별하게 되었지만.

운 좋게 YG에 연습생으로 들어올 수 있었다. 처음 연습생이 되면서 했던 생각은 '랩을 실컷 할 수 있다'는 기대감이었다. 작곡가들과 직접 작업하면서 래퍼가 될 수 있다는 기대에 들떠 있었다.

그리고 연습생 생활을 지속하면서, 래퍼로서의 꿈과 함께 프로듀서로서의 꿈도 서서히 무르익기 시작했다. 양현석 대표님처럼, 힙합이나 흑인 음악 분야의 지망생들에게 터전을 만들어주고 마음껏 나래를 펼 수 있게 해주고 싶다는 포부를 가진 것이다. 프로듀서로서의 역량을 쌓으려면 내가 직접 그 상황을 경험하고 그 과정을 겪어야 한다고 생각했기 때문에, 래퍼 혹은 가수로서의 단계를 차근차근 밟아나가자는 계획도 세웠다.

그런데 막상 연습생 시절의 종지부를 찍고 마지막 오디션을 앞두게 되었을 때, 기대했던 것과 전혀 다른 현실이 눈앞에 펼쳐졌다. '그룹'으로 만들 예정이라는 것, 그리고 그 그룹 활동에는 춤이 꼭 필요한 요소라는 것, 거기에다 그룹 멤버 선정 과정을 다큐멘터리로 찍는다는 것. 그 세 가지 모두 내게 충격으로 다가왔다.

춤을 추는 래퍼?

YG 연습생으로 들어오기 전까지, 내게 있어 '춤'이란 거리가 먼 상대였다. 어렸을 때부터 홍대를 비롯한 여러 클럽에서 공연을 했지만, 춤이라는 상대가 나를 압박했던 적은 한 번도 없었다. 힙합을 좋아하고 래퍼가 되고 싶은 내게, 춤이라는 관문이 기다리고 있을 줄은 몰랐다.

앞서도 음유시인이 되고 싶다고 말했지만, 내가 생각하는 래퍼는 '메시지를 표현하는' 사람이다. 래퍼를 다른 말로 MC라고 부르기도 하는데, 그것은 'Move the Crowd'를 축약한 말이다. 'Move the Crowd'…, '청중을 움직인다'! 처음 그 말을 들었을 때부터 정말 멋진 표현이라고 생각했다. 래퍼만이 가지고 있는 색깔은 '가수'의 그것과는 조금 다르다. 화려한 동작이나 퍼포먼스 같은 것을 통해서 멋지게 보일 수도 있겠지만, 래퍼에게는 자신의 철학을 담은 가사와 그 열정적인 전달력, 파워 같은 것이 전부라고 생각했다. 내세 굳이 춤을 추면서 '보는 즐거움'을 선사하기보다, '듣는 즐거움'을 주는 것만으로도 충분하다고 생각했다. 춤이나 다른 재미있는 요소를 담지 않아도 무대에 서는 순간 '관객과 하나가 된다'는 것이 힙합의 매력이라고 생각했기 때문이다.

물론 지금의 생각은 조금 다르다. 무대에 올라 노래를 부르고 랩을 하고 춤을 추고, 좀 더 많은 우리의 모습을 표현함으로써 '관객과 함께 즐길 수 있는 것'이 좋다. 다행히 양현석 대표님도 내게 한해서는 '춤에 대한 기대치'가 별로 크지 않다. 춤을 잘 추는 T.O.P이란 뭔가 좀 어울리지 않는 구석이 있다고 생각하시는 모양이다.

하지만 오디션 때는 달랐다. 앞으로 향하게 될 길이 어떤 모양일지 아무것도 알지 못하니까 그 막연함에 대한 걱정들만 마음속에 무성했다. 오디션을 준비하면서, 20년 동안 한 번도 고민해본 적이 없었던 춤을 배우게 되었다. 마음이 허락하지 않으니, 몸도 따라주지 않았다.

물론 오디션 당시에는 단순히 춤에 대한 부담감만이 아니라, 여러 가지 생각 때문에 머릿속이 복잡했다. 특히 다큐멘터리를 찍게 되고 탈락과 합격이라는 과정을 통해 그룹이 만들어진다는 것을 알게 된 다음부터는, 막연히 '내가 아이돌 그룹, 짜여진 틀대로 움직이는 댄스 그룹이 되어야 하는 것은 아닐까?' 하는 걱정이 들었던 것이다. 언더그라운드에서 활동하면서 음악에 대한 열정을 이야기했던 선후배나 동료들의 눈에 '흔한 가수 지망생'처럼 비춰지는 건 아닐까, 그런 갈등 속에서 하루하루가 지났다.

안무가 형은 그런 나 때문에 하루에도 몇 번씩 울화통을 터뜨렸다.

"차라리 춤을 못 추는 건 상관없어. 하지만 최소한 하려는 의지는 있어야 할 거 아냐! 네가 더 이상 의지를 보이지 않는다면, 나도 더 이상 너한테 가르쳐줄 게 없어."

뻣뻣하고 느낌 없고 의욕 없고…. 나는 한마디로 형편없는 학생이었을 것이다. 지금 빅뱅의 모습에 대한 큰 그림이 있었다면 고집을 피우거나 갈등을 할 필요가 없었을 텐데, 당시로서는 춤을 추는 래퍼의 모습이 상상이 안 되었기에 그렇게 행동했었다.

한참 동안을 고민한 끝에 나름대로 결론을 내렸다. '춤을 추는 래퍼'란 내가 생각하지 못했던 모습이지만, '춤'이라는 관문을 통과해야 이 오디션을 합격할 수 있다면 기꺼이 넘으리라고. 랩을 잘하면서 보는 즐거움까지 선사하는 올드스쿨 힙합 계열의 가수들도 있었다. MC 해머(MC Hammer)나 B2K의 릴 피즈(Lil Fizz) 같은 경우처럼. 결국 '두 마리 토끼를 다 잡기는 힘들지만, 노력하면 될 것 아닌가' 하고 고민을 툭툭 털어 버렸다. 솔직히 고백하면 내가 춤을 못 춰서 여기서 기회를 얻지 못한다면, 그건 정말로 더 웃기는 일이라는 생각이 들었다.

처음 연습생 생활을 할 때는 거의 하루 종일 '갇혀' 있어야 한다는 게 참을 수 없었다. '다섯 시간 정도 열심히 연습하고 나머지는 밖에 나가서 생활해도 되지 않을까?' 하는 생각도 했다. 내 경우는 춤보다 다른 요소들이 더 중요하니까, 춤 연습 때만큼은 다른 멤버들과는 별개로 배려해주었으면 하는 생각도 했다. 그런데 지금 생각해보면 연습생들 모두에게 그렇게 동등하고 강압적(?)으로 똑같은 프로세스를 밟게 하지 않았다면, 빅뱅 같은 팀은 완성되지 못했을 것이다. 아마도 그건 팀을 만드는 양 대표님의 일종의 지론과도 같은 것이리라. '가수가 되기 전에 사람이 되어라'라는 모토도 그런 맥락일 것이다. 어린 시절 무언가에 아주 많은 열정을 쏟아본 적이 없는 나의 경우에는, 참기 힘든 감금(?)의 경험과 치열한 연습 과정을 통해서 '오기'와 같은 나도 모르던 힘이 발동되었다.

만일 내가 오디션을 포기했더라면, 아마 지금과 같은 생활은 꿈도 꾸지 못했을 것이다. 힙합을 좋아한다고 해서 다양한 문화와 음악에 귀를 닫는 것은 위험한 생각이다. 실력 있는 래퍼라면 힙합뿐 아니라 가요, 발라드, 보사노바, 댄스까지 모든 장르에서 랩을 구사할 수 있어야 한다고 생각한다.

빅뱅의 멤버들과 작업하는 것은 언제나 행복한 일이지만, 특히 지용이와의 곡 작업은 하나의 '놀이'처럼 즐겁다. 지용이의 하이 톤과 나의 로우 톤으로 대비되는 균형도 정말 잘 맞는 것 같다.

진짜 하고 싶은 무언가가 있다면, 지금까지 기울였던 자신의 노력과 자신이 가진 재능을 믿어야 한다. 상황 안에서 즐기는 것도 좋지만, 내가 가진 노력으로 상황 자체를 돌파하는 것도 방법이다. 상황을 리드할 수 있는 주도권을 쥐고 나면, 그 다음부터는 상황 때문에 좌절하는 일이 적어진다. 기회를 패스하면 실패가 되지만, 기회를 움켜쥐면 행운이 된다.

뚝심본능 T.O.P #2

꿈은 더 크게 품을수록
더 아름답게 진화한다

누구도 갖지 않은 나만의 컬러를 만들고 싶다

가끔 '어른이 되고 싶지 않다'는 생각을 한다. 어린애로 돌아가고 싶거나 어리광을 부리고 싶다는 의미가 아니다. 나만의 음악과 멋진 퍼포먼스를 만들어가고 싶어서 한시도 제자리에 머물지 않는, 생동감 넘치는 사람으로 남고 싶다는 의미다.

빅뱅의 멤버로서 최선을 다하고, 또한 나를 채워나가기 위해 꾸준히 노력해나갈 것이다. 이제까지 흔히 볼 수 없었던, 대중과 리스너(listener, 음악적 조예가 깊은 청중들)들을 함께 만족시키는 그런 뮤지션이 되고 싶다. 내 방식대로 내가 느끼는 바를 무대에서 더 강하게 표현하겠다는 욕심은 시간이 지날수록 점점 더 강해지고 있다.

하지만 종종 대중들의 '음악 하는 사람'에 대한 기대치와 일명 '연예인'에 대한 기대치가 뒤섞일 때는 마음이 좀 불편해진다. 가수에게는 무대가, 연기자에게는 스크린이 최고의 공연장이다. 자기 스스로 머릿속에서 그린 그림대로 '아름답고 완벽하게' 표현하는 것이 그들의 역할이다. 그래서 가끔 내가 예상하거나 생각해두지 못한 상황에서 무언가를 해야 될 때는, 어떻게 해야 할지 어색하고 당황스럽다. 너무 가벼운 아이돌처럼 보이거나, 무언가에 끌려다니다가 나 자신을 잃어버리게 되는 건 정말 원하는 바가 아니다. 엄정화 선배의 〈DISCO〉 랩 가사에 나의 이런 생각을 담았다. '때론 이끌려 가다 보면 자신을 잃는 법, 순탄한 삶이 어디 있는가….'

2008년에는 거미 누나의 〈미안해요〉에서 피처링을 하고 뮤직비디오에도 출연했다. 매번 다양한 모습, 새로운 모습을 보여주려고 노력하는데, 그것이 '연예인이자 가수'로서 내 본분이라고 믿기 때문이다. 그런 이유로 몇 년 사이 발표된 나의 랩을 들어보면, 조금씩 음색이 다른 것을 느낄 수 있을 것이다. 나에게도 '목소리를 만들어가는 과정'이 있었고, 지금도 그 과정 중에 있다. 'T.O.P' 하면 생각나는 목소리가 있도록 하되, 각각 다른 느낌을 주고 싶다. 어떤 때는 힘을 빼고 어떤 때는 더 과도하게 힘을 주면서, 신곡이 나올 때마다 곡에 맞는 느낌을 찾기 위해 고민을 많이 한다.

"T.O.P아, 곡 작업 좀 많이 해라"

이제까지 발표한 내 솔로 곡 〈Big Boy〉나 〈아무렇지 않은 척〉, 그리고 빅뱅의 보사노바 계열 곡 〈착한 사람〉은 내가 작곡에 참여한 음악들이다. 지금까지 랩은 많이 써왔지만, 곡을 만들기 시작한 것은 얼마 되지 않았다.

이전에는 어떤 특정한 분야에 한정해서 음악을 고민했다면, 요즘에는 십대나 이십대의 젊은 세대뿐 아니라 더 나아가서 삼사십대가 들어도 세련되고 느낌이 있는 퓨전 스타일의 신선한 음악을 만들어보고 싶다. 그래서인지 요즘엔 클래식 같은 다양한 장르의 음악을 가리지 않고 듣는 편이다. 가까운 친구의 권유로 퓨전 스타일의 재즈 음악을 하는 떼떼(tété)라는 프랑스 아티스트의 음악도 흥미롭게 접하고 있다. 다양한 장르와 다양한 분야의 앨범을 접하면서, 내가 지금까지 경험하지 못했던 '음악을 통한 수많은 감정표현 방법'을 배우게 되는 것 같다.

쿠시(KUSH) 형과의 공동 작업을 통해 〈착한 사람〉을 만들고 나서, 그 곡을 들으신 양 대표님으로부터 정말 큰 선물을 받았다. '미코(MIKO)'라는 이름을 가진 악기다. 그것도 팀버랜드(Timberland)라는 유명 프로듀서 이름을 딴 스페셜 에디션으로, 친필 사인과 함께 그가 만든 사운드들이 내장되어 있는 일종의 일렉트릭 신디사이저다. 당시 거의 처음 한국에 들여온 이 음악 장비에는 컴퓨터도 내장되어 있고 수만 가지의 신디사이저 전자음의 최고봉들이 다 담겨 있다. 모니터도 있고 건반도 있어서 그거 하나만 가지고도 곡을 만들 수 있을 정도다. 그 악기를 선물하면서 양 대표님은 내게 더 큰 도전 과제를 설정해주셨다.

"T.O.P아, 네가 곡 작업을 더 많이 했으면 좋겠다. 이 악기에 너의 상상력을 담아서 다양한 곡들을 만들어봐라."

양 대표님의 권유도 권유지만, 그걸 받고 나자 뭔가 더 강렬한 욕심이 생겨났다. 당시에도 이런저런 고민으로 생각이 많을 때였는데, 그 악기를 받자마자 앞뒤 가릴 것도 없이 정말 사흘 동안 한숨도 자지 않고 그것만 연구했다. 그 후로도 20일 정도는 방 밖으로도 나가지 않고 그 악기만 만졌다. 지금도 틈틈이 시간을 쪼개서 그 악기와 씨름을 하고 있다. 새로운 재미에 푹 빠져버린 것이다.

다른 멤버들 모두 그렇겠지만, 나는 사람들이 생각하는 T.O.P의 이미지를 뛰어넘고 싶다. 무한한 가능성을 보여주고 싶다. 그런 생각으로 얼마 전 나 스스로에게 주문을 거는 문장 하나를 노트에 적었다.

"변신 로봇이 되자!"

'나'라는 사람은 정해져 있지 않고, 내가 만들어가는 것이 '나'라고 생각한다. 그래서 나를 업그레이드 시키고 변신시킬 수 있는 로봇이 되고 싶다.

간절한 소망을 위해 두려움에 맞서는 것,
그것이 바로 '용기'다.

랩 하는 T.O.P, 연기하는 T.O.P

2007년 7월, 래퍼 레드락의 〈Hello〉 뮤직비디오에 연기자로 출연하게 됐다. 사실 그때까지만 해도 간간히 CF나 뮤직비디오에 얼굴을 비친 것 외에는 연기 활동을 해본 적이 없었다. 단독 주연이라는 압박감도 없지 않았지만, 새로운 시도에 흥분되었다.

사랑이나 배신 같은 격한 감정을 온몸으로 표현해야 했고, 내가 직접 내 머리를 삭발하는 장면도 있었다. 배우들은 배역을 맡을 때마다 마치 다른 사람의 인생을 사는 것과 같은 희열을 느낀다고 하는데, 나 역시 처음으로 그런 느낌을 받았다. 가수로서의 내 모습뿐 아니라 연기하는 내 모습을 보고 성취감 같은 것이 느껴졌고, 그 욕심은 시간이 지날수록 더 강해졌다. 한 가지 분야에 갇힐 필요 없이 여러 분야를 잘하고 싶다는 욕심 말이다.

내 인생의 최종 목표인 프로듀서가 되기 전까지, 가능한 한 다양한 분야를 많이 경험해보고 싶다. 단 어설프게 하려면 아예 시작도 안 할 것이다.

드라마에 출연하고 싶다는 속내를 비쳤을 때, YG에서 연기 수업을 시켜주셨다. 두 번 정도 수업을 받았을 즈음이었을까? 연기 선생님은 내게 "제대로 된 연기를 하려면 발음부터 바꿔야 한다."고 조언해주셨다. 물론 일리 있는 말씀이지만, 내 생각은 조금 달랐다. '연기학원에서 배운

듯한' 바른 말투와 개성 없는 모습이 되고 싶지는 않았기 때문이다. 그래서 조심스럽게 연기 수업을 고사했다.

〈아이엠 샘〉이라는 드라마에서 '학교 짱' 역할로 캐스팅 되고 나서, 그 색깔을 살리기 위해 다방면으로 노력을 기울였다. 표정과 자세를 연구하고 감정이입을 하기 위해 대본을 읽고 또 읽었다. 하지만 막상 촬영에 들어가고 나자, 이런저런 고충이 많았다. 그때마다 〈아이엠 샘〉의 연출을 맡은 김정규 감독님이 좋은 가이드가 되어주셨다.

천성적으로 말이 많은 편이 아니라서, 처음에는 또래의 배우들처럼 서글서글하게 다가가서 말을 건네지도 못했다. 하지만 오히려 김 감독님은 그런 모습에서 내 진심을 알아차리신 것 같다. 표현을 못하는 것이지, 마음이 없는 건 아니라는 걸 아셨던 모양이다. 감독님은 나를 빅뱅의 T.O.P이 아니라, 인간 최승현으로 봐주셨다.

"이 드라마를 통해서 너를 멋진 연기자로 만들어주고 싶다."는 얘기를 많이 해주셨고, 최승현이라는 캐릭터가 역할에 잘 녹아나도록 열심히 지도해주셨다. 그래서 그 이전에 나에게서 찾아볼 수 없었던 모습이 많이 뽑아져나왔다. 나 자신도 모르고 있었던 장점들을 감독님은 하나하나 짚어주셨다.

"너의 장점은 이거야. 이제 그걸 잘 조합해서 너 자신을 가꾸고 만들어가는 것은 너의 몫이다."

김 감독님은 나의 연기 입문 과정의 좋은 지원자가 되어주셨다. 다행히 '가수가 연기를 한다'는 선입견보다는 나의 연기를 있는 그대로 좋아해주신 분들이 많아서 잊지 못할 기억 중의 하나가 되었다.

김 감독님은 내게 이런 얘기도 해주셨다.
"색깔이 진한 도화지는 개성이 강해서 금세 사람들의 눈에 띄지만, 다른 색을 받아들일 수가 없어. 네가 가수로서 혹은 연기자로서 성장하려면, 더 큰 사람이 되어라. 더 큰 사람이 되려면 다른 색깔을 흡수하고 조화시키는 법을 알아야 한다."

감독님의 말씀을 들은 후, 나는 매일 아침 어제의 미련과 슬픔 그리고 후회를 깨끗하게 지우는 연습을 한다. 그리고 순백의 하얀 도화지 같은 마음으로 다시 하루를 시작하려고 노력한다. 그래야 새로운 무언가를 흡수할 수 있을 테니 말이다.

지금 이 순간에도 나는 점점 더 잘하고 싶다

내가 겉으로 보기에는 꽤나 강한 이미지인 것 같지만, 사실은 생각도 많고 고민도 많은 조금은 약한 스타일이다. '나는 뭘 잘할 수 있나', '내가 잘하고 있는 게 맞나' 하는 생각에 한 번 빠지면 꽤 오랫동안 그 고민에 잠겨 있는 편이다.

요즘에는 가급적 그런 생각을 하는 시간을 줄이려고 노력하고 있다. 소중한 젊은 시절에 한두 달씩이나 그런 생각에 빠져 있는 것은 사치라고 결론을 내렸기 때문이다. 나 자신을 믿어보는 게 먼저다.

'나는 이런 사람이야' 하고 무언가를 정해두지 않는 편이 좋다. 어디에도 굳어져 있는 '나 자신'이란 건 없다. 나는 오로지 내가 만들어가는 대로 만들어진다. 인간이 가지는 욕심 중에 선하지 않은 것도 있지만, 진정한 욕심은 '내가 만들어가고 싶은 대로 나를 만들어가는 것'이라고 생각한다.

어렸을 때 안 좋은 일도 많이 경험해봤지만, 그런 경험들 때문에 오히려 과감히 난관에 부딪힐 수 있는 '깡'이 생겼다. 무엇보다 '난 너무 부족한 것 같아' 하는 철없는 고민은 금물이다. 그저 자신을 냉정하게 성찰하고 부족한 것이 있으면 고쳐나가도록 더 노력하면 된다.

내게는 일종의 편집증이 있다. 냉장고를 열어봤는데, 거기에 우유나 두유 같은 게 한 방향을 향해 라벨이 보이도록 깔끔하게 정렬되어 있으면 왠지 모를 희열을 느낀다. 내 취미가 피규어를 모으는 것인데, 플라스틱으로 만들어진 '완벽한' 제품들이 가지런히 놓여 있는 것을 보면 기분이 좋아진다. 아무래도 예술 분야의 일을 하는 사람들은 그런 성향이 조금씩 생기나 보다. 하루가 힘들고 가끔은 외롭게 느껴져도, 내 방에 돌아와 그렇게 정돈된 피규어들을 보고 있으면 위로가 된다. 그리고 그것들처럼 나를 다시 정돈하고 다잡곤 한다.

얼마 전 어머니와 긴 시간 동안 이야기를 하는 와중에, 소설가이셨던 외할아버지 이야기가 나왔다. 어머니는 "넌 네 외할아버지와 비슷한 점이 많은 것 같다."고 말해주셨다. 외할아버지 존함은 '서근배'. 나처럼 말수가 적고 오래 생각하고서야 말씀을 하곤 하셨다. 《항구》 등 여러 편의 소설을 쓰시고 영화 〈팔도강산〉의 각본을 쓰시는 등 내면의 세계를 글로 표현해가는 것 외에는, 밖으로 속내를 잘 내비치지 않는 성격이 나와 비슷하셨던 모양이다.

세상과 타협하거나 사회에 순응하는 것에는 별로 관심이 없었던 외할아버지셨지만, 가족들을 아끼는 마음만은 성말 따뜻했다. 어린 시절에 외할아버지와 오랜 시간을 보내고 그 따뜻함을 맛보아서인지, 내게는 외할아버지가 아주 좋은 친구로 여겨졌다.

〈Hello〉 뮤직비디오를 찍기 3주 전의 일이었다. 빅뱅이 대중적으로 많이 알려지지도 못했고 〈거짓말〉 발표를 앞두고 있던 시기라서, 멤버들 모두 '우리가 과연 잘할 수 있을까?' 하고 조바심을 내던 때였다. 나 역시 다르지 않았다. '가수로서 나의 정체성'에 대한 고민도 많았다.

당시 외할아버지는 많이 아프셨다. 하지만 달려가 뵙고 싶어도 바쁜 스케줄 때문에 마음처럼 갈 수가 없었다. 그러던 어느 날 어머니를 통해 연락이 왔다. 외할아버지가 위독하시다는 전언이었다. 만사를 제치고 병원으로 달려갔다.

외할아버지는 말씀을 하실 수 없을 정도로 병세가 악화되어 있었다. 왠지 당신도 '오늘'을 넘기지 못할 거라는 걸 알고 계신 듯했다. 외할아버지는 필사적으로 당신의 생각을 글로 전하셨다.

"승현아, 네 사인 하나 해다오."

외할아버지가 말씀하신 대로 사인을 하는데, 가슴이 너무 저려왔다. 외할아버지는 떨리는 손을 들어 내 사인 옆에 할아버지의 사인을 쓰셨다. 그리고 다시 그 아래에 마지막 힘을 다해서 글을 써내려가셨다.

"승현아, 너의 이 사인은 내가 죽어서도 생애 마지막 기억으로 가져갈게. 그러니까 너의 꿈을 꼭 이루어다오. 내가 받은 이 사인이 정말 가치 있는 것이 될 수 있도록, 그런 손자 승현이가 되었으면 좋겠다."

나는 외할아버지의 손을 감싸쥔 채 하염없이 눈물을 흘렸다. 그것은 외할아버지의 마지막 유언이자, 내게 줄 수 있는 최고의 선물이며 격려였다. 그때부터 어떤 일에 대해서건 더 의욕을 내었던 것 같다. 언제든 힘든 일이 있을 때마다 외할아버지 생각을 한다. 지금도 내 마음속에는 외할아버지가 자리하고 계시다.

뚝심본능 T.O.P #3

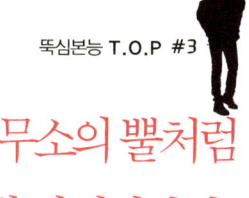

T.O.P, 무소의 뿔처럼 용기 있게 달려나가라!

아픔의 경험도 독이 아닌 약으로 사용한다면

지금은 주목받는 가수가 되었지만, 사실 나의 학창시절 이야기를 하라면 딱히 할 말이 없다. 공부라는 것에 전혀 관심이 없었기 때문이다. 물론 학교가 주는 속박 혹은 무언가를 의무적으로 해야 한다는 게 싫기도 했다. 그래서 학교에 가는 게 무엇보나 참기 힘든 고역이었다. 하지만 학교를 안 나가더라도 그 시간을 의미 없이 헛되이 보내지는 않았다. 설령 밖에 나갈 일이 있어도, '랩 16마디' 혹은 '24마디 쓰기' 하는 식으로 나 스스로에게 약속한 것은 반드시 실행하는 원칙이 있었다. 물론 음악에 더욱 심취하게 되면서 의미 없이 친구들과 밖에서 노는 일도 점점 줄어들었다.

그런 나의 모습을 보고 '구체적인 꿈을 세웠다면 학교 같은 건 필요 없는 거야' 하고 섣불리 판단하는 일은 없기를 바란다. 인생에서는 때로 '싫어도 버텨내야 하는 것'이 있다. 무언가에 잠시 잠깐 빠져서 혹은 하기 싫다는 막연한 생각 때문에 학업을 소홀히 한다면, 그것만큼 바보 같은 일도 없다. 세상에 가수가 되고 싶은 친구들은 무수히 많을 것이다. 하지만 실제로 가수가 되는 사람은 1퍼센트도 되지 않는다. 도전하기에 앞서, 죽을 때까지 할 거라는 확신이 있어야 한다. 그런 확신이 있어도 쉽지 않은 길이다.

지금도 조금 후회가 되는 것은, 학업에 좀 더 충실해서 공부도 했더라면 얻는 게 더 많지 않았을까 하는 점이다. 어렸을 때는 내가 다른 친구들보다 더 성숙하고 그들이 경험하지 못한 세계를 먼저 맛보았다는 착각에 빠져 있곤 했다. 하지만 요즘 들어서는 생각이 달라졌다. '자신의 나이에 맞는 것'을 '제때 경험하고 누려보는 것'이 가장 바람직하다.

또래들과는 다른 선택을 해야 하는 꿈을 가졌다면, 거기에는 뚜렷한 확신과 열정이 필요하다. 확신과 열정이 부족한데, '좋아 보이는 것'을 향해 무작정 달려가는 건 위험한 일이다. 그건 꿈이 아니라 악몽이 될 수도 있다.

나의 학창시절에는 오직 힙합밖에 없었고, 달리 보이는 길이 없었다. 좋게 말하면 일찍 한 가지 분야에 파고든 것이지만, 다른 각도로 보면 그것밖에 할 것이 없었던 극단적인 상황에 내몰린 것이나 다름없다.

꿈은 누구에게든 저 가슴 깊은 곳에서 누구도 막을 수 없는 화산의 용암처럼 솟구쳐오르기도 하지만, 무엇보다 그 꿈의 방향을 분명히 알고 똑똑히 외치려면 보다 많은 지식이 필요하다. 혼자서 열심히 하는 것도 좋지만, 어떻게 해야 잘하는 것인지 명확한 기준이 있어야 한다. 만약 그것이 없다면 그간의 노력들은 공허한 메아리로 되돌아올 것이다.

미래를 준비해야 한다는 의무감으로 시계추처럼 학교와 집을 오가는 것이 무의미하게 느껴질지도 모른다. 왜 거기에 앉아서 꼰대들의 잔소리를 들어야 하는지 짜증이 날지도 모른다. 지금은 비록 꿈이 없거나 너무 희미해서 답답할지라도, 언젠간 정말 거부할 수 없는 진정한 꿈이 찾아올 것이다. 그때를 대비해서라도 지금 할 수 있는 것에 최선을 다하는 것은 어떨까?

지금 할 수 있는 것을 열심히 하되, 도저히 거부할 수 없는 무언가에 대한 이끌림이 찾아와서 '정말 죽어도 반드시 해야겠다'는 생각이 든다면, 그때는 과감하게 도전했으면 좋겠다.

가족, 나를 다독이는 가장 고마운 두 글자

내게 고등학교 3학년 담임선생님이셨던 정옥경 선생님은 평생 잊지 못할 분이다. YG에서 연습생 생활을 하느라 출석 일수가 점점 적어지고, 급기야 학교에서 더 이상 참아줄 수 없는 상황이 되어버렸다. 하지만 담임선생님은 나와 내 꿈을 믿어주셨고, 직접 교장실로 찾아가 선처를 부탁하셨다. 선생님의 도움으로 나는 고등학교를 무사히 졸업할 수 있었고, 빅뱅 멤버로도 합류할 수 있었다. 누군가 믿고 붙잡아준다면, 비뚤어지는 아이들은 더 이상 생겨나지 않을지도 모른다.

간혹 밤거리를 헤매는 친구들을 보면 나의 철없던 과거가 떠오르곤 한다. 부모님과 선생님에게 반항하고, 술과 담배로 이성을 마비시키며, 형체도 알 수 없는 세상의 불의와 싸우기 위해 두 눈에 독기를 품었던 지난 기억들.

다른 이들보다 더 큰 성장통을 겪고 있는 친구들은 사실 아픈 환자와도 같다. 내가 이렇게 아픈데, 내가 이렇게 힘든데, 아무도 돌봐주지 않는다고 생떼를 쓰고 있는 건지도 모른다. 그 친구들에게는 '네 삶은 그렇게 형편없지 않다'고, '네 상처는 치유될 수 있다'고 용기를 주고 치료해줄 인생의 의사가 필요하다.

얼마 전 몸이 안 좋아서 병원에 입원했을 때, 나는 오랫동안 잊고 지냈던 '가족'이라는 존재에 대해 새삼 고마움을 느꼈다. 오늘의 내가 있을 수 있는 것은, 나를 믿어주고 사랑해주는 이들이 있기 때문이다.

사실 꽤 오랜 시간 가족들에게 살가운 말 한 번 건네 보지 못했다. 마음은 그렇지 않은데 표현하는 게 쑥스럽고 낯간지럽게 느껴졌던 것이다. 일주일에 한두 번 어머니가 숙소로 와서 음식을 해주시지만, 스케줄에 쫓기다 보니 얼굴을 제대로 마주한 날이 거의 없었다.

병원에 입원하고 나서 생전 처음으로 어머니와 밤새도록 이야기를 나눴다. 그때 정말 많은 생각을 하게 되었다. 어머니나 가족들이 나를 사랑하고 염려해주는 마음이 내가 생각했던 것보다 훨씬 크고 따뜻하다는 것을 느꼈다. 뭐 그리 쑥스럽다고 하고 싶은 말, 마음속에 있는 말을 전달하지 못했던 것인지 후회스러웠다.

그 이후로는 하루에도 몇 번씩 가족들과 통화를 하거나 문자를 주고받는다. 아무리 바쁜 스케줄이어도, 가족과 소통하는 일은 더 이상 '귀찮은 일'이 아니라 '나를 재충전하는 소중한 시간'으로 바뀌었다.

정말 흔한 말이지만 함께하기에 소중한 것이 가족이다. 내가 가장 힘들고 아플 때 그 곁을 지켜줄 사람 역시 가족이다. 가장 가깝다는 이유로 '다음 순서'로 미루지 말고, 가족을 '가장 먼저' 생각했으면 좋겠다.

'빅뱅의 맏형 T.O.P'이라는 자리

항상 의욕적이고 성실한 빅뱅 멤버들과 같이 지낸다는 것은 내게 너무나 큰 행운이다. 내가 지쳤을 때 손을 잡아주기도 하고, 나를 발전시킬 수 있도록 자극을 주기도 한다.

맏형이라는 신용을 잃지 않기 위해 힘들어도 내색을 덜 하게 되고, 더욱 강해지게 된다. 동생들에게 도움이 되는 형이 되고 싶다. 나이가 많이 들어서도 'T.O.P 형에게 의지하고 싶다'는 생각이 들도록 열심히 노력할 것이다. 그래서 나는 지금 빅뱅의 맏형이라는 이 자리가 참 좋다.

우선 어떤 말로 시작해야 할지 무슨 말을 해야 할지 조금은 쑥스럽기도 하다. 무덥고 습한 지하 연습실에서 우리가 함께 땀 흘리고 함께 웃으며, 시간 가는 줄 모르고 노력해온 지난 날날들. 때로는 도망치고 싶은 마음도 들고 힘들고 지칠 때도 있었지만, 생각해보면 그 하루하루가 우리에겐 인생에서 가장 아름답게 꽃피웠던 젊은날의 추억인 것 같다.
정말 보잘것없고 철없는 나를 언제나 큰형으로 대접해주는 너희들. 처음 언론에 소개되고 기사화됐던 하얀 정장을 입은 다섯 아이들이 나온 한 장의 단체사진. '못생긴 아이돌 그룹이 얼마나 잘하나 보자', '어디

> 얼마나 하나 보자' 등등 사람들의 차가운 시선을 마주하며 우린 서러움을 등지고 부담감을 뒤로한 채, 앞만 보며 열심히 달렸지. 우리 다섯은 언제나 똘똘 뭉쳤기에 불가능도 가능케 했어. 보이지 않는 곳에서 우리가 잘되기를 바라며 도와주신 많은 분들, 곁에서 뒷바라지해주시는 사랑하는 부모님들, 모두에게 보답할 수 있는 길은 오직 열심히 하는 것뿐이라고. 누구보다 더 열심히 하자고 굳은 다짐을 하던 우리였잖아.
>
> 비록 나이로는 내가 형이지만 나에게 가장 친한 친구이자 때로는 형 같은 존재가 되어주었던 너희 넷. 각자 다른 성격을 지녔지만 이제는 친형제처럼, 울고 웃는 모습마저 너무나 닮아가고 있는 것 같아. 지금처럼 항상 변함없이 노력하고 또 노력해서 10년, 20년 뒤에도 헤어지지 않는, 오래오래 사람들의 귀와 마음속에 머무르는 그런 그룹, 그런 빅뱅이 되자.

내가 어느 무대에서 멤버들에게 보냈던 편지 내용이다. 팬들과 우리 멤버들은 편지를 읽으며 모두 눈물범벅이 되었다. 난생 처음 많은 사람들 앞에서 흘린 눈물이었다. 그 눈물만큼이나 솔직하고 정직한 사람으로 멤버 모두에게 든든한 맏형이 되고 싶다.

형 노릇을 제대로 하고 싶은데, 지금도 나 자신의 고민이나 생각에 빠져 털끝 하나도 건드리지 못할 만큼 예민해지는 때가 종종 있다. 그때는 방에 들어가서 나오지 않고 혼자만의 생각에 빠진다. 끝모르고 혼자만의 세계에 빠질 때면, 어김없이 양현석 대표님이 그런 나를 잡아주셨다. 일어나지도 않은 일들에 대해서까지 걱정을 하는 성격이라 나도 모르게 부정적인 생각을 할 때가 많았는데, 그럴 때마다 양 대표님은 눈물이 쏙 빠지도록 호되게 야단을 치셨다. 그리고 또다시 나만의 늪으로 빠질 기미가 보이면, 매니저 형들이나 코디 누나들을 통해서 수시로 체크하며 끊임없이 구명조끼를 던지셨다.

양 대표님은 그 특유의 콧소리로 이렇게 말씀하신단다.
"T.O.P이는 지금 뭐하고 있냐. 또 멍하니 있냐?"
그리고 나를 불러 이런저런 얘기를 해주신다. 양 대표님은 그렇게 틈만 나면 내가 얼마나 사랑받는 사람이며 얼마나 많은 것을 가지고 있는지, 끊임없이 깨닫게 해주셨다. 지금도 양 대표님만 떠올리면 채찍질로 나를 잡아주시던 기억들이 많이 생각난다. 내게 양 대표님은 친형 같기도 하고 아버지 같은 존재이기도 하다. 아마도 빅뱅 멤버들 모두 같은 생각일 거다.

양 대표님이 내게 자주 해주신 말이 있다.
"세상에는 의외로 자신을 비하하는 사람이 많다. 괜한 피해의식에 사로잡혀 자기 자신을 비하한다면, 그 사람은 다른 사람들로부터 사랑받을 자격이 없는 사람이다. 긍정적인 사고방식으로 자신의 장점과 단점을 잘 파악하고 끊임없이 자신을 칭찬하는 습관을 들여라. 그러면 그 습관 자체가 너를 사랑하게 만들고 자랑스럽게 만들어줄 것이다."

그렇다. 겸손과 자기비하는 다르다. YG에 들어오기 전까지는 아무도 내게 '더 큰 날개'가 있다는 사실을 말해주지 않았다. 누구에게나 눈부신 창공을 향해 비상할 수 있는 희망의 날개가 있다. 다만 그 숨겨진 날개는 '자신을 사랑하는 데서 나오는 원동력으로 움직인다'는 사실을 잊어서는 안 된다.

양 대표님을 보면서 내게는 또 다른 꿈이 하나 생겼다. 내가 정말 성숙하고 더 큰 사람이 되었을 때, 나같이 고민하고 때론 절망하는 아이들을 바로 잡아줄 수 있는 그런 존재가 되고 싶다는 것. 큰 꿈이지만 꼭 이루고 싶다.

"여덟 번 넘어져도, 다시 일어날 수 있는 다리를 가졌으니"

'여덟 번 넘어져도, 다시 일어날 수 있는 다리를 가졌으니.'
언젠가 내 홈페이지에 썼던 일기의 한 대목이다.

사실 연예인이라는 화려함 이면에는, 상상을 뛰어넘는 자기관리가 자리하고 있다. 연예인은 많은 사람들에게 노출되는 직업이다 보니 자칫 잘못된 억측이나 소문에 휘말리기 쉽게 마련이라, 빅뱅 멤버들의 경우에는 자기관리에 더욱 철저한 편이다. 개인적으로 외출하는 일도 적고, 다른 연예인들과의 친분 관계도 거의 없다.

언더그라운드 시절 나의 예명은 'T.E.M.P.O'였다. 인생에서 속도(템포)가 얼마나 중요한지, 나 스스로를 컨트롤 하며 너무 빠를 때는 조금 느린 걸음으로 걷자는 뜻으로 지은 것이다. 빅뱅으로 데뷔하면서 그 이니셜의 일부를 따서, 'T.O.P'라는 이름을 지었다. 결국 T.O.P이라는 이름 안에 T.E.M.P.O의 의미도 포함된 셈이다.

살인적인 스케줄 때문에 체력의 한계를 느끼면서도 자꾸 무언가를 해야 한다는 욕심이 생긴다. 준비해놓지 않으면, 뒤처질 수 있다는 생각이 들기 때문이다.

세상에서 가장 향기로운 향수는 발칸산맥의 장미에서 나온다고 한다. 그런데 가장 좋은 향수를 얻기 위해서는 가장 기온이 낮은 날 자정부터 새벽 2시 사이에 장미를 따야 한단다. 그때 가장 좋은 향기를 내뿜기 때문이다. 장미가 가장 어둡고 추운 시간에 향기로워지듯이, 우리 인생도 많은 시련이 있어야 비로소 진한 향기를 만들어낼 수 있는 것이다.

또래 친구들이 대학 입시를 위해 밤새 공부할 때 우리는 음악을 위해 과감히 학업을 포기했고, 남들이 대학 캠퍼스에서 젊음을 만끽할 때 우리들은 연습실에서 고된 훈련을 만끽했다. 우리는 우리가 바라던 세상이 전부였기에, 남들과 다른 인생을 산다는 자각조차 할 시간이 없었다.

래퍼에 대한 꿈을 처음 가졌을 때도 그저 막연하게 '가수가 되고 싶다'는 생각에 머물기보다는, 내가 랩을 하고 싶은 이유에 대해 가사를 쓰며 깊이 고민했다. 고민 없이 읊조리는 랩은 의미 없는 형용사로 가득한 옹알이일 뿐이다. 랩은 자신의 생각과 마인드를 대중에게 전달하는 것이기 때문이다.

나는 생각이 많은 나 자신이 좋다. 오랜 생각 속에서 어떤 결론이 내려졌을 때, 그것을 향해 과감히 뛰어나갈 수 있기 때문이다. '과연 내가 가는 길이 끝이 어디인지?' 끝없이 펼쳐진 호기심과 기대감은 오늘도 나를 깊은 생각에 빠져들게 만든다 진짜 하고 싶은 무언가가 있다면, 지금까지 기울였던 자신의 노력과 자신이 가진 재능을 믿어야 한다. 상황 안에서 즐기는 것도 좋지만, 내가 가진 노력으로 상황 자체를 돌파하는 것도 방법이다. 상황을 리드할 수 있는 주도권을 쥐고 나면, 그 다음부터는 상황 때문에 좌절하는 일이 적어진다. 기회를 패스하면 실패가 되지만, 기회를 움켜쥐면 행운이 된다.

호기심 대왕, 몸으로 느낄 수 있어야 진짜다

처음에는 운동을 가장 싫어했던 멤버가 T.O.P이었다. 자주 만날 수 없으니 당연히 친해지기도 가장 힘들었다. 그런데 〈아이엠 샘〉이라는 드라마에 출연하게 되면서 몸을 더 만들어야겠다고 결심한 것 같았다. 그러고는 본격적으로 함께 운동을 시작했다. 스스로 무언가를 해야겠다고 결심하면 무섭게 파고드는 친구다. 확실한 '이유'가 있어야 움직이는 스타일인데, 그 이유가 사라지지 않는 한 중간에 절대 한눈팔거나 딴짓하지 않는다.

호기심도 많은 데다 궁금한 것은 절대 못 참는 편이라, 시간 날 때마다 혼자서 기상천외한 실험도 많이 하고, 느닷없는 질문도 제일 많이 한다. 예를 들어, 한밤중에 전화로 "사부님! 정말 궁금해서 그러는데, 쇠고기 갈비살 2인분과 돼지갈비 2인분 중에 어느 쪽이 칼로리가 높을까요?" 하고 물어본다거나, 또 어느 날은 "삶은 달걀을 노른자 빼고 흰자만 5개 먹는 것과 완숙으로 익힌 달걀을 노른자까지 2.5개 먹는 것 중 어느 쪽이 근육 만드는 데 더 효과적인지 제 몸으로 직접 실험하고 있습니다."라며 실험 경과를 보고하기도 한다. 이처럼 직접 실험해보고 몸으로 느껴야만 직성이 풀리는 친구다. 그리고 몸으로 느끼는 효과를 체험했다면, 더욱 맹렬히 달려든다.

사실 헬스 트레이너는 단순히 운동법만 가르쳐주는 사람이 아니다. 언제 자고 언제 일어나는지, 아침 점심 저녁은 무엇을 먹는지, 군것질로는 언제 어디서 무엇을 먹는지, 노래 연습이나 춤 연습을 할 때 어떤 활동을 어떻게 하는지 등등, 하루 24시간 일거수일투족을 빡빡하게 체크하며 관리한다. 그렇게 하지 않고는 몸을 만들기가 불가능하기 때문이다.

처음에는 T.O.P도 이렇게 자신의 모든 것을 따지고 체크하는 것이 상당히 부담스럽고 답답했던 모양이다. 하지만 몸을 만들어야겠다는 목적이 생기고 어느 정도 효과를 느끼게 된 후로 완전히 달라졌다. 일단 믿음이 생기니까 요즘은 애교도 많이 부리고 막내처럼 어리광도 피우곤 한다. 어느 날은 "사부님 드리려고 숙소에서 귤 두 개 훔쳐왔어요." 하더니 해맑게 웃으며 귤을 내밀기도 했다.

— **황상찬**, 헬스 트레이너

마음에서 우러난 따뜻함, 좋은 것은 무조건 나눈다

대중에게 보여지는 것과는 달리 상당히 사랑스러운 캐릭터다. 나 역시 처음엔 거의 1년이 지나도록 T.O.P의 성격을 잘 몰랐다. 조용한 성격에 말수도 적고, 그냥 조용한 친구인가보다 생각했는데 조금 지나니까 완전히 생각이 바뀌었다. 가까운 사람들에게는 애교덩어리요 폭소제조기인 친구가 어떻게 저렇게 무대 위에만 올라가면 돌변하는지, 무대에서 보여주는 카리스마나 대중 장악력은 과연 어디에서 나오는 것인지 궁금할 정도다.

가장 큰 장점은 따뜻하다는 것이다. 잔정도 많고 자기 생각을 남과 공유하길 좋아한다. 아기자기한 선물을 불쑥 내밀기도 하고, 가끔 아무 일 없이 전화해서, "누나, 생각나서 전화했어요." 라고 뜬금없이 안부를 묻기도 한다. 맛있는 걸 발견하면 다른 사람들에게 무조건 알리는 친구라, 항상 "세상에서 제일 맛있는 게 또 나타났다."고 흥분한다. 그게 일부러 그러는 게 아니라 진짜 마음에서 우러나서 그러는 것이라는 걸 사람들도 다 안다.

어머니께 지극정성을 다하는 효자라는 것도 사랑스러운 특징 중 하나다. 이 나라의 평범한 다른 아들들과는 달리 T.O.P은 어머니와 참 살갑게 지내는 편인데, 어머니와 커피숍에 간다거나 하는 식으로 데이트를 즐긴다.

생각하는 것도 말하는 것도 느리고 차분한데, 그래서 그런지 한 가지에 꽂히면 무섭게 파고드는 스타일이다. 좋아하는 바지가 있으면 내일도 입고 모레도 입고, 한 달 내내 입으라고 해도 아마 입을 것이다. 좋아하는 아이스크림이 있으면 질릴 때까지 먹는다. 지방에 가서도 114에 문의해서 반드시 그 아이스크림 가게를 찾아내고야 만다.

— **지은**, 스타일리스트

Stage 5

자신을 믿는
자가 승리한다

최고본능 승리

"가슴에 쉼표를 지우고 도돌이표를 새기세요.
쉼 없이 달리고, 실패와 좌절을 반복해야 원하던 세상을 만날 수 있습니다.
자신을 믿고, 응원해주세요.
자신감은 가장 강한 경쟁력 중 하나입니다."

승리
본명 이승현 **태어난 날** 1990년 12월 12일 **특기** 노래, 댄스, 일본어
* 뮤지컬〈소나기〉출연 * 영화〈우리 집에 왜 왔니〉출연 * 솔로곡〈STRONG BABY〉활동

최고본능 승리 #1

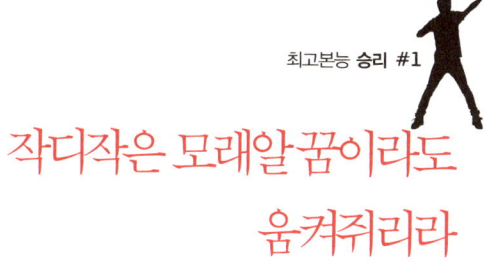

작디작은 모래알 꿈이라도 움켜쥐리라

1퍼센트의 가능성에 기대어

"마지막 한 명은…, 큰 승현이 앞으로 나와."

2006년 여름, 1년 남짓 진행된 오디션을 마치고 빅뱅의 최종 멤버를 선정하는 자리. 양현석 대표님이 지용 형, 영배 형, 대성 형에 이어 마지막으로 호명한 사람은 T.O.P 형이었다. 내 이름은 끝끝내 불리지 않았다.

순간, 아무 생각도 나지 않았다. 그냥 나 자신에게 화가 나서 미칠 지경이었다. 할 수만 있다면 흠씬 패주고라도 싶었다. 어렵게 찾아온 기회를 허무하게 놓친 내가 밉기만 했다. 하지만 이제 와서 후회한들 무엇하랴. 땅을 치고 후회해봤자 시간을 되돌릴 수도, 불합격이 합격으로 바뀔

자신을 믿는 자가 승리한다 **217**

수도 없는 노릇인데 말이다.

　여기까지가 끝이라는 사실이 믿기지 않았다. 이제 더 이상 형들과 함께 노래하고 춤출 수 없다는 사실을 받아들이고 싶지 않았다. 다시 처음부터 시작해야 한다는 사실이 좀처럼 실감이 안 나서 눈물조차 나오지 않았다.

　억울한 마음도 들었다. 오직 가수가 되겠다는 꿈 하나에만 의지해서, 친척도 친구도 없는 서울에 혈혈단신 올라와 죽을 각오로 연습했으니까. 형들에 비해 턱없이 부족한 실력임을 잘 알기에, 새벽에도 혼자 연습실로 향했던 나였다. 그렇게 아등바등 버텼는데, 이렇게 허무하게 떨어질 줄이야.

　'바보들은 항상 최선을 다했다고 말한다'는 말처럼, 결과로 증명하지 못한다면 어디까지나 변명이고 핑계인 것이다. 돌이켜보면 나 역시 '최선을 다했다'는 말로 스스로를 위로했던 게 아닌가 싶다.

"작은 승현이는 가수로서 네가 가진 재능이나 춤 잘 추고 이런 것은 알겠는데…. 지금 나는 댄서를 뽑는 게 아니라 가수를 뽑는 거잖아. 그렇지? 그런 면에서 네가 조금 모자랐어."

　양 대표님의 평가는 아프도록 냉정하고 정확했다. 가장 좋아하고 자신 있는 분야가 춤이었기에, 무엇보다 춤에 열심이었다는 사실을 부정할 수는 없었다. 결국 내가 자초한 실패니, 변명도 항의도 할 수 없었다.

그때였다. 정곡을 찌른 평가에 마음을 접으려는 순간, 믿기 힘든 이야기가 들려왔다.

"해보겠다는 의지가 있으면, 멤버들의 연습이 끝난 다음에 새벽에 혼자 나와서 연습하는 것은 내가 뭐라고 안 할게. 하지만 다시 붙을 가능성은 10퍼센트 미만이야. 눈곱만큼의 가능성은 열어둘게."

의지, 가능성, 10퍼센트…. '눈곱만큼의 가능성'은 곧 '해봤자 별 소용없을 것'이라는 의미임을 알았지만, 그래도 한 줄기 빛처럼 느껴졌다. 아직은 끝이 아니라는 사실만으로도 감격스럽고 기뻤다. 성공할 가능성이 희박하더라도 여전히 도전할 수 있다는 사실에 가슴이 뛰었다.

눈물을 흘려본 사람이 행복도 더 크게 느끼는 법이다. 지금은 울지만 다음엔 웃기 위해, 나는 눈곱만큼의 가능성이라도 붙들고 늘어지기로 결심했다.

발길이 닿는 모든 곳을 연습실로

당시 인터넷에서 축구선수 박지성 형의 발 사진을 우연히 보게 되었다. 한눈에도 그간의 고생이 모두 고스란히 읽혀지는 발이었다. 상처와 굳은살, 기이하게 틀어진 발가락…. 절로 고개가 숙여지는 사진이었다. 오디션에서 떨어지고 재도전을 준비하면서, 불현듯 그 발이 떠올랐다. 덕분에 '지금 겪는 고난쯤은 새 발의 피'라고 스스로를 위로할 수 있었다. 내 발은 아직 멀쩡했으니까.

그래도 힘들긴 했다. 열심히 하겠다는 의지야 하늘을 찔렀지만, 주변 상황이 받쳐주질 않았다. 일단 숙소부터가 문제였다. 오디션 탈락과 동시에, 형들과 합숙하던 아파트에서 짐을 빼야 했던 것이다. 아는 사람도 없고, 여관 같은 곳에 들어가자니 비용도 만만치 않을뿐더러 그런 데서 받아주지도 않을 나이였다. 부모님께 말씀드리면 당연히 돈을 보내주셨겠지만, 부담을 드리고 싶진 않았다. 결국 염치 불구하고 당시 캐스팅 매니저 분에게 매달렸다.

"절대로 귀찮게 하지 않을게요. 그냥 조용히 잠만 잘 테니까, 저 좀 그 집에서 지내게 해주시면 안 될까요?"

다행히 매니저 분은 흔쾌히 허락했고, 그렇게 하나의 고비를 넘겼다. 하지만 안도감도 잠시, 머물 곳이 생기자 곧바로 가장 큰 걱정이 고개를 드밀었다. 오디션에서 탈락한 이상, 더 이상 레슨을 받을 수 없었던 것이다.

나를 도울 사람은 오로지 나 자신뿐이었다. 눈앞이 깜깜해졌지만, 주저앉아 있을 수는 없었다. 고민하고 좌절하는 그 순간에도 시간은 빠르게 흘러가고 있었다. 단기간에 성장해서 달라진 결과물을 내놓아야 했던 그때는 고민조차 사치였다. '행동'이 필요한 시기에 '고민'으로 보내는 시간은 '버려지는 시간'이나 마찬가지라는 생각이 들었다. 1분 1초도 낭비할 수 없었다.

어떻게든 될 거라는 근거 없는 희망을 품고, 무작정 노래 연습을 시작했다. 선택한 곡은 타샤니의 〈하루하루〉. 문명진 선배님이 부른 남자 버전을 듣는 순간, '이 노래다' 싶었다. 사실 더 이상 고민할 겨를도 없었다. 잘 부를 수 있는 노래를 찾느라 시간을 허비하느니, 한 노래를 정해서 죽어라 파고드는 게 낫다는 판단이었다.

거짓말 안 하고 같은 노래를 수백 번도 넘게 들었다. 눈을 뜨는 순간부터 갔는 순간까지 그 노래만 듣고 그 노래민 불렀나. 형늘이 연습을 마친 새벽엔 연습실에서, 낮에는 집에서, 매니저 분이 퇴근하고 돌아온 저녁엔 길거리에서. 횡단보도, 가게 앞…, 발길이 닿는 곳 어디에서든 노래를 불렀다. 이상한 눈으로 쳐다보는 사람도 있었고, 대놓고 "시끄럽다."고 면박을 주는 사람도 있었다. 그런데도 신기하게 창피하지가 않았다. 오히려 그런 구박을 받을 때마다 더 힘이 났다. 오기가 발동했던 모양이다.

'지금은 나를 미친 사람처럼 바라보지만 언젠가는 감탄어린 눈으로 볼 날이 올 거예요.' 마치 주문을 외우듯이 속으로 되뇌고 또 되뇌었다. 그것은 나 자신과의 약속이기도 했다.

가지고 다니던 악보는 구멍이 날 정도로 너덜너덜해졌다. 각 부분마다 생각나는 대로 메모를 한 탓이다. '여기선 약하게, 이 발음은 강하게, 여기선 좀 느리게, 이 부분은 감정을 실어서.' 노래를 들으면서 생각나는 느낌을 모두 적고, 그대로 부르려고 노력했다.

부족한 실력이 갑자기 일취월장할 수는 없겠지만, 노력과 성장의 흔적만은 분명히 드러나야 했다. 숨겨진 가능성을 보여줘야만 주어진 기회를 붙잡을 수 있었기에, 더 이상 적을 공간이 없을 만큼 빽빽해진 악보에 또다시 펜을 대곤 했다. 그렇게 일주일의 시간이 쏜살같이 지나갔다.

"다섯 번째는 이유가 없습니다!"

드디어 결전의 날이 다가왔다. 양 대표님이 탈락한 멤버들을 만나주기로 결정하신 것이다. 형들에게 부탁해서 부랴부랴 의상을 준비하고 사무실로 찾아갔다.

그런데 이게 무슨 일인가? 대표님과 눈이 마주치는 순간, 머릿속이 하얘져버렸다. 입도 떨어지지 않았다. 극도의 긴장감에 신체의 모든 기능이 정지된 듯했다.

'이승현, 정신 차려. 그동안의 노력을 또 물거품으로 만들 작정이냐?'

겨우겨우 정신을 추스르고 대표님 앞에 섰다. 그리고 노래를 부르기에 앞서, 준비했던 비장의 카드를 꺼냈다. 〈리얼다큐 빅뱅〉에서도 소개된 대로 '내가 팀에 꼭 들어가야만 하는 다섯 가지 이유'를 먼저 발표한 것이다. 요즘도 가끔 당시 이야기를 하는데, 형들은 "웃겨 죽는 줄 알았다."고 농담처럼 말한다. 그렇다. 나도 인정한다. 지금 생각하면 손발이 오그라들 정도로 간지러운 멘트들이었다. 하지만 당시엔 '반드시 뽑혀야 한다'는 절실함에 부끄러운 줄도 몰랐다.

그것은 간절함이 빚어낸 용기였다. 어쩌면 평생에 다시 없을 기회, 그 기회를 절대 놓치고 싶지 않다는 절박함에, 눈만 마주쳐도 심장이 내려앉을 만큼 어려운 대표님 앞에서 꿋꿋이 이야기를 이어갔다. 목소리가 떨릴까봐 목에 온 힘을 집중하고, 혹여 눈동자가 흔들릴까봐 눈을 부라리며, 한 글자 한 글자에 내 진심을 담아서.

"제가 뽑혀야 하는 첫 번째 이유는, 막내라는 이미지는 누가 뭐래도 제게 가장 잘 어울리지 않느냐 하는 것입니다. 두 번째는 춤입니다. 퍼포먼스나 안무 면에서는 제가 많이 해왔기 때문에, 나중에 이 팀의 퍼포먼스나 안무에 제가 도움이 될 거라고 생각합니다. 세 번째는 컨셉입니다. 형들이 강하고 멋있고 남성적인 모습으로 팬들을 확보한다면, 저는 귀엽고 부드럽고 재치 있는 모습으로 팬들을 확보할 수 있을 거라고 확신합니다. 네 번째는 자신감입니다. 어디에 가서든지 당당한 자신감으로 정말 좋은 모습 보여줄 수 있다고 자신 있게 말씀드릴 수 있습니다."

그리고 마지막으로 다섯 번째 이유를 말해야 할 차례였다. 나는 이미 하얘진 머릿속에서 준비했던 멘트들을 끄집어내면서, 마지막까지 강한 인상을 남기기 위해 또박또박 말을 이었다.

"다섯 번째는 이유가 없습니다. 제게 기회를 주신다면 선택을 후회하시지 않을 만큼 정말 열심히 하겠습니다. 제 숨은 끼와 자신감으로 사람들을 다 놀라게 하겠습니다."

정말 그랬다. 더 이상 무슨 이유를 댈 수 있겠는가?

내가 백 가지 이유를 만들어내서 이야기한다 해도 대표님이 보기에 내가 필요한 멤버가 아니라면 소용없는 일이다. 어쩌면 '막내 승현이가 이 팀에 필요한 다섯 가지 이유' 자체가 부질없었는지도 모른다. 그래도 무엇이든 해야 했다. 마지막 기회를 잡기 위해서라면, 쓸모없는 짓이든 창피한 짓이든 상관없었다. 가수에 대한 열망, 합격에 대한 간절함만 전할

죽을 각오로 덤비고 절대 포기하지 않으면,
꿈도 결코 나를 외면하지 못할 것이다.

수 있다면 말이다. 당시엔 오직 한 가지 생각뿐이었다. '미치도록 뽑히고 싶다'는.

그렇게 준비한 이야기를 마치고, 노래를 부르기 시작했다. 주변 사람들의 표정을 살필 겨를도 없었다. 다시는 주어지지 않을 기회이기에 노래에 온 힘을 쏟았다. 3년과도 같았던 3분이 지나고 노래가 끝나자, 어느새 옷이 땀으로 흠뻑 젖어 있었다. 최선을 다했기에 후회는 없었다.

그리고 일주일 후, 나는 기적처럼 빅뱅의 멤버가 되었다. 합격의 기쁨보다 더 큰 것은 성취감이었다. 노력이 헛되지 않았다는 사실, 실낱같은 희망을 붙들고 늘어졌던 선택이 틀리지 않았다는 사실을 확인받은 셈이니 말이다.

세상은 도전하는 자의 것이라 했나. 도전하지 않으면 실패하지 않을지는 모르지만, 결코 성공의 길에도 다가갈 수 없다. 만약 내가 오디션에 떨어졌을 때 그대로 포기하고 집으로 돌아갔다면? 생각하고 싶지도 않은 일이다. 물론, 그랬을 리도 절대로 없지만 말이다.

두려움, 그건 아무것도 아니다

나는 '불가능, 그것은 아무것도 아니다'라는 광고 카피를 좋아한다. 한 문장에서 느껴지는 강인한 열정과 의지가 마음에 든다. 내게도 비슷한 좌우명이 있다. '두려움, 그건 아무것도 아니다.' 나는 두려움 때문에 무언가를 포기하는 일만큼 어리석은 짓은 없다고 생각한다. '할 수 없을 거야', '실패할지도 몰라'라는 걱정 때문에, 시작도 하기 전에 단념하는 사람들을 보면 너무 안타깝다.

물론, 나도 두려움을 느낀다. 새로운 세계의 문을 두드릴 때는 그 뒤에 무엇이 기다리고 있는지 알 수 없어 무섭고 떨린다. 하지만 세상을 많이 경험해보지 못한 나도 '겪어보기 전엔 알 수 없다'는 사실쯤은 알고 있다. 그래서 스스로에게 늘 말하곤 한다. '일단 해보자. 해보기 전에는 모르는 일이잖아.'

중학교 1학년 때의 일이다. 다른 학교 축제에 구경을 갔는데, 무대에 똑같은 옷을 맞춰 입은 사람들이 올라왔다. 그들이 무대에 등장하는 순간, 현장에 있던 모든 사람들의 시선이 무대에 쏠렸다. 공연이 끝날 때까지 그 시선들은 무대를 떠나지 못했다. 나 역시 마찬가지였다. 놀라움에 숨조차 제대로 쉬지 못한 채 공연을 지켜봤다.

'가슴 뛰는 진짜 꿈'과 만나는 순간! 그 순간은 머리보다 가슴이 먼저 느낀다는 사실을 그때 처음 알았다. 주체할 수 없을 정도로 심장박동이 빨라지고, 가슴이 쿵쾅거리다 못해 터질 것만 같았다. 나조차도 설명하기 힘든 기분이었지만 한 가지는 확실하게 알 것 같았다.

'저거야. 저게 바로 내가 하고 싶은 일이야!'

초등학교 때까지 나는 사람들 앞에 나서기를 좋아한다는 것 외에 별다른 특징이 없는 아이였다. 공부에도 소질이 없고 딱히 두각을 나타내는 분야도 없는 평범한 아이. 어떤 사람이 되고 싶다든지, 무엇을 하고 싶다든지 하는 구체적인 꿈도 가지고 있지 않았다. 그러던 내게 '무엇'이 생긴 것이다. 무작정 하고 싶은, 반드시 해야 할 것만 같은 '무엇'이.

당시 무대에 올랐던 사람들은 바로 내가 빅뱅으로 데뷔하기 전에 활동했던 댄스 팀의 멤버들이었다. 축제에서 돌아온 다음 날부터 수소문을 해 형들이 YMCA청소년수련관에서 연습한다는 사실을 알아냈고, 무작정 그곳을 찾아갔다.

"춤을 추고 싶습니다."

"춤 춰본 적은 있고?"

"아니오. 한 번도 없습니다. 이제부터 추려고요. 열심히 할 자신 있습니다."

인사를 마치고 다짜고짜 춤을 췄다. 준비해간 춤도 없었다. 그냥 흘러나오는 음악에 맞춰, 되는 대로 몸을 움직였다. 지금 생각해도 정말 무모한 일이었다. 유치원에서 배운 율동을 제외하고는 춤이라곤 한 번도 춰본 적이 없는 내가 댄스 팀에 들어가겠다고 고집을 피우다니.

게다가 나는 '타고난 몸치'였다. 박자 감각이 없어서 음악과 몸이 완벽히 따로 놀았다. 경험도 없고 실력도 없는 내가 춤을 추겠다고 우기니, 형들은 어이가 없었을 것이다. 하지만 뜻이 있는 곳엔 길이 있게 마련. 무모한 용기를 높이 산 리더 형 덕분에 나는 댄스 팀의 일원이 될 수 있었다.

"형들, 제가 한번 안무를 짜볼게요!"

댄스 팀의 멤버가 된 순간부터 새로운 생활이 시작되었다. 학교가 끝나면 친구들과 어울리며 어영부영 시간을 보내던 나날은 온데간데없이 사라졌다. 수업이 파하기가 무섭게 연습실로 달려갔고 네다섯 시간을 오로지 춤만 추며 보냈다. 그런데도 결과는 그다지 달라진 게 없는 것 같았다. 형들은 단 한 번에 해내는 동작도 내 경우엔 며칠씩 연습해야 겨우 흉내 낼 수 있을 정도였다. 그래도 좋았다. 무언가를 한다는 사실만으로도 가슴이 벅찼다.

수업 시간에도 머릿속으로는 춤 동작을 암기했고, 쉬는 시간과 점심시간에는 교실 뒤에서 혼자 춤 연습에 매진했다. 선생님께 혼나기도 많이 혼났다. 하긴, 학생의 본분인 공부는 등한시하고 춤에 빠진 제자가 한심해 보이셨을 것이다.

다른 사람들 눈에는 헛바람이 든 것으로 비쳤을지 몰라도 스스로에겐 떳떳했다. 나는 공부가 싫어 춤을 추는 것이 결코 아니었다. 내가 잘하고 싶은 일, 열심히 할 수 있는 일이 춤이었기에 춤을 택했을 뿐이었다. '무엇'을 하느냐가 중요한 게 아니라 '어떻게' 하느냐가 중요한 게 아닐까? 비록 공부는 아니었지만 무언가에 이를 악물고 몰두하는 내 모습이 그 자체로 자랑스러웠다.

하지만 그런 시간은 그리 오래가지 못했다. 내가 들어간 지 3개월이 채 지나지 않아 팀의 해체가 결정됐기 때문이다.

'말도 안 돼. 난 무대도 한 번 서보지 못했는데…. 여기서 끝내라고?'

이제 막 발걸음을 뗐을 뿐인데 이대로 포기할 순 없었다. 뿔뿔이 흩어진 멤버들을 찾아 다시 팀을 꾸렸다. 그렇게 모인 멤버가 네 명. 그런데 아뿔싸, 안무를 짤 수 있는 사람이 없었다. 나야 경력이 짧으니 당연한 일이었고, 다른 형들도 그동안 짜놓은 안무에 맞춰 춤을 췄을 뿐 본인이 직접 안무를 만든 적은 없었다.

형들은 포기하는 눈치였다. 우리끼리라도 해보자는 열의는 일순간에 사라지고 다들 한숨만 쉬고 있었다. 결국 내가 나서야 했다. 팀을 다시 꾸린 사람이 나니까, 이끌어가는 것도 내 몫이라는 생각이 들었다.

"형들, 저만 믿으세요. 제가 안무를 짜볼게요."

"네가? 안무를 짠다고? 하하하…. 이제 겨우 기본기를 익힌 놈이…. 됐다. 차라리 다른 팀을 알아보자. 어디든 받아줄 데가 있을 거야."

"우리가 어떻게 다시 모인 건데요. 제가 짜볼게요. 며칠만 시간을 주세요."

형들을 간신히 설득하고 안무 구상에 매달렸다. 어디서부터 시작해야 할지 막막했지만 고민할 시간도 없었다. 며칠 내로 안무를 내놓지 못하면 형들은 마음을 접어버릴 게 뻔했다. 온갖 뮤직비디오를 찾아보고, 그동안 봤던 형들의 춤을 떠올리며 되도 않는 안무를 짰다. 부족한 실력을 한탄할 겨를도 없었다. 해내야 한다는 절박함에 밤을 새워가며 안무에 몰두했다.

다행히 완성된 안무를 본 형들은 '좋다', '해보자'며 다시 의지를 불태웠다. 때마침 장성 홍길동 축제에서 댄스경연대회가 열린다는 소식이 들렸다. 경험도 쌓을 겸 안무에 대한 반응도 체크할 겸, 축제에 참가하기로 결정했다. '일화'라는 팀 이름은 그때 지은 것이다. '전설로 남겠다'는 나름의 포부를 담은 팀 명칭이었다.

축제 당일, 현장에는 많은 팀이 기다리고 있었다. 다들 아마추어이긴 하지만, 이미 팬클럽까지 거느릴 정도로 유명한 팀도 있었다. 수상은 애당초 꿈도 꿀 수 없었다. 창피나 면하면 다행이었다. 떨리는 마음을 겨우 다잡고 무대에 올랐다. 관객들의 심드렁한 표정에 순간 얼기도 했지만 다행히 실수 없이 공연을 마칠 수 있었다.

그런데 믿기 힘든 일이 벌어졌다. 모든 공연이 끝나고 거행된 시상식에서 1위로 '일화'가 호명된 것이다. 다리가 풀렸다. 팀에 들어간 순간부터 해체, 재결합 등등 그동안의 일이 주마등처럼 스쳐지나갔다. 나의 도전이 허황된 꿈이나 치기 어린 행동이 아니었다는 사실이 입증됐다고 생각하자 눈물이 앞을 가렸다.

이후 '일화'는 광주에서 모르는 사람이 없는 댄스 팀으로 승승장구했다. 몸치였던 나, 이승현이 춤꾼으로 이름을 날리게 되었다. 팀의 리더는 따로 있었지만, 형들은 나를 정신적인 지주(?)처럼 여겨주었다. 가장 어려운 순간에 돌파구를 마련한 내가 믿음직스러웠던 모양이다.

나중에 방송 활동을 하면서도 느낀 거지만, 나이는 숫자에 불과하다. 실력만 있다면 나이가 어리더라도 능력으로 인정받을 수 있고, 다른 사람에게 영향력을 끼칠 수도 있다. 반면 어리다는 것 또한 어떤 방어막도 되어줄 수 없다. 만약 나이가 핸디캡이라고 생각한다면, 그것을 보완할 강점을 마련하는 것이 옳다고 생각한다.

내가 시작도 하기 전에 두려움에 무릎을 꿇었다면, 난관에 부딪쳤을 때 그냥 포기하고 말았다면 어떻게 됐을까? 어떤 삶이 펼쳐졌을지는 알 수 없지만 이것 하나만은 알 것 같다. 노력한 뒤에 거둔 결실이 주는 쾌감은 절대 느끼지 못했으리라는 사실 말이다.

닭도 죽기 살기로 덤비면 날 수 있다

어느 날 생각 없이 TV를 켰는데 믿기 힘든 장면이 시선을 붙잡았다.

'내가 잘못 본 건가?' 눈을 비비고 다시 봐도, 같은 화면이었다. TV에는 여전히 한 마리의 닭이 나무 위를 '날아다니고' 있었다.

'닭? 닭이 난다고?' 학창시절 공부를 열심히 하지 않은 사람이라도, 닭이 날 수 없다는 상식 정도는 알고 있다. 사람들이 닭 요리를 먹을 때, 다리 다음으로 선호하는 부위라는 점 외에는 별다른 가치가 없는 것이 닭 날개 아니었던가? 그런데 그 날개를 퍼덕거리며 닭이 날아올랐다. 내 눈으로 직접 보면서도 믿을 수 없었다.

진행자의 설명에 따르면, 그 닭은 어린 시절 산짐승의 공격으로 형제들을 모두 잃었다고 했다. 그때부터였다고 한다. 나무 위로 날아오르는 연습을 한 건. 처음엔 당연히 힘들었다. 나무 위를 오르려다가 떨어져 다친 적도 많았다. 수천 년 동안 자신의 종족이 가졌던 본래의 습성을 극복하는 일이 어찌 어렵지 않았으랴. 하지만 닭은 자신의 생존을 위해, 그리고 자신의 새끼들만은 산짐승으로부터 지키기 위해, 0.1퍼센트도 되지 않는 가능성에 모든 것을 걸고 매달렸다.

그리고 결국 닭이 이겼다. 기나긴 세월 동안 이어져온 습성과의 싸움에서, 당당히 승리했다. 나무 위를 날아다니게 된 것이다. 그 닭은 지금 할머니가 되었고, 그의 새끼들과 손주 닭들은 할머니를 따라 나무 위를 함께 날아오른다고 한다. 아마도 손주 닭들은 태어나면서부터 할머니와 엄마 닭이 날고 있었으니, 자신들이 당연히 날 수 있는 종족이라고 생각했을 터이다.

우스운 이야기일지 모르지만 그 닭에게서 나는 나 자신, 승리를 봤다. 사람들이 '말도 안 되는 도전'이라고 비웃던 일, 나 자신조차도 확신이 없었던 일, 가능성이 채 1퍼센트도 되지 않는 일에 무작정 부딪혔던 나. 성공 확률이 제로에 가까운 일이라도 무작정 덤벼들었던 내 모습을 그 닭에게서 발견한 것이다.

불과 얼마 전까지만 해도 나는 평범한 닭이었다. 날개가 있지만 날 줄 몰랐다. 날개가 있다는 사실조차 알지 못했다. 하지만 한 번도 사용하지 않은 날개로 하늘을 나는 '불가능'에 도전했고, 이제는 정말로 날 수 있게 되었다. 그래서 나, 승리는 '날 줄 아는 닭'이다.

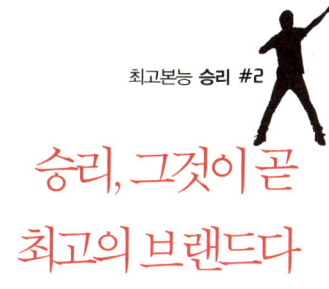

최고본능 승리 #2

승리, 그것이 곧 최고의 브랜드다

열등감과 자신감은 한끗 차이일 뿐

많은 사람들이 내게 자신감이 넘친다고 이야기한다. 어떤 일이든 자청해서 덤비는 성격 탓이다. '타고난 자신감'이라고들 이야기하지만 모르시는 말씀. 사실 나는 가수라는 꿈을 향해 도전하며 엄청난 열등감에 시달렸다. 기회의 순간마다 부족한 실력 때문에 발목이 잡혔고, 그때마다 의욕이 꺾이고 불안이 엄습했다. 주저앉으려는 나를 일으키기 위해서는, 포기하려는 나를 붙잡기 위해서는, 스스로를 응원할 수밖에 없었다.

'이승현, 넌 할 수 있어. 잊지 마. 넌 최고야.'
'자신감'은 내가 선택할 수 있는 유일한 경쟁력이었다. 노래나 춤 실력이 하루아침에 좋아질 수 없는 상황에서 나만이 지닌 강점이 필요했다. 꿈을 포기하지 않기 위해, 계속 달려가기 위해, 나는 계속 자신감을 키웠을 뿐이다.

물론, 굳이 노력하지 않아도 자신감이 샘솟던 시기도 있었다. '일화'가 유명해지면서 황홀한 나날들이 이어질 때였다. 거리에 나가면 알아보고 사인을 해달라는 팬들도 있었고, 각종 행사에 정식으로 초대 받는 일도 늘어났다. 팬이 늘면서, 팬 카페가 개설되었는데 회원 수가 3천여 명에 육박했다.

모 쇼핑몰과 전속 계약을 맺으면서 고정 수입까지 생겼다. 심지어 한 달 수입이 120만 원가량 되는 때도 있었다. 팀원들과 나누어 가졌다고 해도, 당시 중학생이었던 내겐 엄청난 액수였다. 사정이 이렇다 보니 어깨에 절로 힘이 들어갔다. 세상에 무서운 것이 없는 시절이었다고나 할까? 하루하루가 그렇게 행복할 수가 없었다. 지금 당장 TV에 나가도 큰 인기를 끌 수 있으리라는 자신감이 부풀어 올랐다.

하지만 그 생각이 착각이요, 오만에 불과하다는 사실을 깨닫는 데는 그리 오랜 시간이 걸리지 않았다.

중학교 3학년의 어느 날, 지역번호 '02'가 찍힌 발신자 번호로부터 전화가 걸려왔다. 내 소문을 듣고 찾아온 캐스팅 매니저의 제안으로 한 연예기획사에서 오디션을 본 뒤였다. 서울에는 아는 사람이 한 명도 없으니, 당연히 그 기획사일 거라는 기대를 품고 냉큼 전화를 받았다.

"이승현 씨 되시죠?"

"네, 맞습니다."

"지난번에 오디션 하나 보셨잖아요. 그 영상을 보고 전화 드리는 건데요. Mnet에서 〈배틀 신화〉라고 오디션 프로그램을 준비 중이거든요. 상금은 1억 원이고요. 한 번 해보실 생각 있으세요?"

"네? 네! 하겠습니다."

TV 출연이라니, 비록 오디션 합격 소식은 아니었지만 더 큰 기회가 찾아왔다는 사실에 뛸 듯이 기뻤다. 방방 뛰며 소리를 지르고 여기저기 전화를 했다. "나 이승현이 TV에 출연한다고! 더 큰 세상, 더 높은 하늘에 도전하게 될 거라고!" 주변의 모든 사람에게 알리느라 정신이 없었다. 소식을 들은 부모님도 응원을 아끼지 않으셨다. 나보다 더 좋아하셨던 것도 같다. 부모님은 늘 그랬다. 춤에 미쳐 공부를 등한시하는 아들이 걱정도 되시련만, 언제나 내 편을 들어주셨다.

"아들! 네가 하고 싶은 것은 무엇이든 해. 우리가 팍팍 밀어줄게. 대신 한 가지만 지켜. 뭘 하든 확실히 해라. 대충은 없는 거여."

세상 어떤 부모가 열여섯 살 어린 아들의 꿈을 이처럼 무모할 정도로 믿고 밀어주실까? 부모님의 '무한대 믿음'은 가장 큰 자극제였다. 나를 향한 신뢰와 기대를 확인할 때마다 '제대로 보여드리겠다'는 의무감이 절로 생겼고, 그 의무감으로 스스로를 독려하곤 했다. 무조건적인 믿음에 반드시 보답하고 싶었다.

그렇게 부모님의 전폭적인 지지와 '열심히 하겠다'는 강한 의지를 안고 TV에 도전했다. 바로 스타가 될 수 있을 것만 같았다. 하지만 현실은 달랐다.

'우물 안 개구리' 신세를 자각하다

 의욕적으로 출발한 방송 출연이었는데, 몇 개월이 지나자 슬슬 힘이 들기 시작했다. 광주와 서울을 오가는 생활에 체력적으로 한계가 온 것도 문제였지만, 더 큰 문제는 자신감 상실이었다.
 광주에서는 무대를 휘어잡으며 이름을 떨치던 나였는데, 전국에서 모인 수많은 아이들 틈에서는 그야말로 '우물 안 개구리'에 불과했다. 무엇 하나 부족하지 않은 것이 없었다. 자신 있었던 춤마저 어설프고 유치해 보였다. 특히 노래 실력은 최악이었다. 이전까지 춤만 췄지, 노래는 정식으로 연습해본 적이 없다는 사실을 감안한다고 해도 들어주기 힘들 정도였으니까.

 학원에라도 다니면서 노래와 춤을 배우고 싶었지만, 광주와 서울을 오가는 것만으로도 시간이 빠듯했다. 결국 내가 택한 방법은 자율학습. 비, 세븐 등, 좋아하는 가수의 무대를 모조리 녹화해서 틈이 날 때마다 보았다. 노래, 춤뿐 아니라 제스처와 표정, 의상까지 꼼꼼히 살펴서 노트에 기록했다. '모방은 창조의 어머니'라고 했다. 아직 나만의 색깔을 낼 수 없었기에, 나는 존경하는 가수들을 모방하기로 한 것이다.

 하지만 그렇게 연습해도 실력은 좀처럼 늘지 않았다. 심사위원들의 냉정한 평가도 매번 상처가 되었다. 회의가 들었다. 내가 왜 이 프로그램에 출연하고 있는지, 스스로 계속해서 되물었다. 사실 그 전까지 춤이 좋아서 댄스 팀에서 활동했을 뿐, 가수가 되고 싶다는 생각은 없었다. 그런데 왜 가수를 뽑는 방송에 나간 걸까? 제대로 고민도 해보지 않고 결정을 내린 것이 너무 후회스러웠다. 단지 유명해지고 싶다는 헛된 꿈에 사로잡혔던 내가 한심하기만 했다. '일단 해보자'는 내 특유의 도전정신마저 원망스러웠다.

결국 몇 개월을 버티지 못하고 탈락하고 말았다. 이미 내 실력의 한계를 깨닫고 있었기에 그리 충격적인 일은 아니었다. 하지만 탈락의 과정은 상처로 남았다.

당시에 장애인 패션쇼를 돕는 미션이 도전자들에게 주어졌다. 패션쇼 준비 과정이 카메라에 담겼고, 심사위원들에게 자료로 제공된 것이다. 그런데 어찌된 일인지, 다른 사람들은 일하고 있는데 나만 혼자 자고 있는 장면으로 편집되어 있었다. 새벽에 버스를 타고 서울로 올라온 바람에, 피곤한 나머지 깜빡 잠이 든 건 사실이었다. 하지만 정말 잠깐 졸았을 뿐이고 나머지 시간 동안은 계속 열심히 일했는데, 오직 자고 있는 모습만 나오다니…. 심사위원들에게 "저건 재미를 위해 편집된 것일 뿐, 저는 정말 열심히 일했다."고 항변했지만, 그마저 변명으로 들린 모양이다. 실력도 실력이었지만 그게 결정적인 이유가 되어 탈락의 쓴잔을 마시게 되었다.

억울함도 잠시, 광주로 내려오니 더 큰 난관이 기다리고 있었다. 어느새 나는 친구들의 놀림감으로 전락해 있었다. "노래도 못하는 놈이 까불더니 보기 좋게 탈락했다면서?" 하는 식의 비아냥거림에 시달려야 했다. 정말 그때의 충격이란 지금도 잊지 못한다. 내가 그렇게 형편없는 놈인가 싶었고, 도대체 무엇 때문에 이런 무시를 받는지 이해할 수가 없었다. 다른 사람도 아니고, 친구라는 녀석들이 가슴에 비수를 꽂다니.

그나마 친구들은 나았다. 최소한 그 녀석들에게는 "그만하라."고 화라도 낼 수 있었으니까 말이다. 심지어 선생님까지 나를 불러놓고 이런 말씀을 하셨다.

"승현아, 아무리 봐도 노래는 네 길이 아닌 것 같다. 너무 못하더라. 다른 길을 찾아보는 게 어떻겠니?"

태어나 처음으로 하늘이 무너진다는 느낌이 무엇인지 알 것 같았다. 너무 화가 나서 미칠 것 같았다. 내가 겨우 이 정도 인간이었다니, 뭐든 잘 해낼 수 있다고 믿었는데 말이다. 집에 돌아오는 길, 서러움에 나도 모르게 눈물이 쏟아졌다. 아기처럼 '잉잉' 소리까지 내며 울었다. 어쩌면 지금까지 살면서 가장 많은 눈물을 흘린 그날, 결심했다. '오늘 이 눈물을 쏟게 한 사람들한테 떳떳하게 보여줄 거야. 내가 그렇게 형편없는 놈이 아니라는 사실을!'

나는 밥은 못 먹어도 자존심은 있어야 사는 놈이다. 사람들에게 인정받고 싶다는 욕구도 강하다. 그런 내가 온갖 무시와 비아냥거림에 시달리다니, 죽고 싶을 만큼 괴로운 일이었다. 더 견디기 힘든 사실은 내가 보아도 그런 무시가 당연하다 싶을 만큼 내 실력이 형편없었다는 것이다. 나는 정말 노래를 못했고, 그건 변명의 여지가 없었다. 잃어버린 자존심을 되찾기 위해서는, 더 이상 스스로에게 부끄러워지지 않으려면, 노래를 배워야 했다. 거기서 포기하면 정말 지는 거였다.

당시 집안 사정이 어려웠음에도 불구하고 어머니에게 부탁드려 보컬 학원에 등록했다. 처음엔 별 진전이 없어서 답답하기도 하고 조급해지기도 했지만, 매일 꾸준히 연습하다 보니 조금씩 실력이 늘었다. 희망이 보이기 시작하자 힘이 났다. 게다가 같이 배우는 친구들의 실력이 그야말로 입이 떡 벌어질 수준이라 저절로 승부욕이 생겼다. '승부욕과 자존심!' 이거 빼면 이승현은 시체 아니던가.

보컬 학원에 다니면서, 배움의 공간이 학교만은 아니라는 사실을 절실히 깨달았다. 사람과 사람이 모이면 자연스레 배움의 기회가 생긴다. 나에겐 없는 다른 사람의 장점을 곁에서 지켜보는 것만으로도, 많은 깨달음을 얻을 수 있다. 중요한 것은 나의 태도다. 배우고자 하는 의지와 열정이 필요하다. 나는 당시 학원의 모든 수강생을 선생님으로 여겼다. 그들이 어떻게 연습하고 어떻게 노래를 부르는지 세심하게 관찰하며 훈련했다.

친구들이 듣는 음악도 유심히 살폈다. 이전까지는 가요만 듣던 내가 팝에 눈을 뜰 수 있었다. 지금도 열광하는 저스틴 팀버레이크(Justin Timberlake), 오마리온(Omari Ishmael Grandberry)은 그때 접한 가수들이다. 특히 저스틴 팀버레이크는 나의 롤 모델이다. 대중성과 음악성을 모두 인정받는 가수이자, 최근에는 연기자로도 조금씩 그 재능과 끼를 발휘하고 있다.

배움의 자세로 임하자 실력은 눈에 띄게 늘어갔고, 발전하는 실력만큼 흥미와 재미도 커갔다. 정말 순수하게 노래에 대한 애정과 욕심이 생겨났다. 유명세를 얻고 싶다는 허황된 욕심은 자연스레 사라졌다. 마침내 '스타'가 아닌 진정한 '가수'가 되고 싶다는 제대로 된 꿈이 자리를 잡은 것이다.

"승리야, 나는 네가 참 좋다!"

〈배틀 신화〉와 보컬 학원을 통해, 내가 '우물 안 개구리'에 불과했다는 사실을 뼈저리게 깨달았다고 생각했는데, 그것이 또 다른 착각에 불과할 줄이야. YG에 연습생으로 들어오고 나서 이전에 내가 접한 세계가 얼마나 좁았는지를 알고는 한동안 충격에 휩싸였다.

연습생 오디션을 볼 때다. 나의 오디션 동영상을 본 양 대표님이 연습실로 내려오셨다.

"내가 영상을 봤는데, 끼가 좀 있는 것 같네. 그런데 혹시 지용이랑 영배라고 아나?"

"네? 네, 압니다."

"지용이랑 영배가 6년 동안 우리 회사에서 연습하고 있는데, 내년쯤에 그룹으로 해서 나올 거야. 걔네 실력은 믿기 힘들 만큼 훌륭해. 그런데 내가 봤을 때 너는 노래 50점, 춤 50점 정도야. 그나마 발전 가능성은 있는 것 같으니까, 내일부터 연습해서 모두 100점으로 만들어봐."

사실 당시에는 형들이 누구인지 잘 알지 못했다. 대표님께서 물어보시기에 무심결에 안다고 대답했을 뿐이다. 당연히 형들의 실력이 어느 정도인지도 짐작할 수 없었다. 하지만 믿기 힘들 만큼 훌륭한 실력이란 게 어떤 건지는 연습생 생활을 시작하면서 비로소 보고 느끼게 되었다.

실력의 격차가 커도 너무 컸다. 노래, 춤, 스타일…, 무엇 하나 감히 비교할 수조차 없었다. 오랜 시간 연습생으로 있었던 지용 형, 영배 형뿐만이 아니었다. 나와 비슷한 시기에 들어온 형들도 엄청났다. 대성 형의 밝고 긍정적인 태도와 호소력 있는 보이스, T.O.P 형의 뛰어난 랩 실력과 중저음의 목소리 앞에서 기가 꺾일 대로 꺾였다. 다들 잘하는 게 하나씩 있는데 나는 내세울 수 있는 게 없었다. 나에 대한 평가는 막내! 그게 끝이었다. 자존심이 상했다.

더욱이 YG는 '힙합 명가'로 유명한 곳인데, 나는 힙합에 대해서는 문외한이었다. 선배들이 음악에 대해 대화할 때도 동참할 수가 없었다. 무작정 힙합이란 힙합 음악은 모조리 찾아서 들었다. YG에서 배출한 선배들의 음악은 물론 각종 힙합 음악을 듣고 또 들었다. 하지만 오랜 시간 동안 그 문화에 익숙한 선배들과 비교하면, 나는 그저 흉내만 내는 수준이었다.

선입견 역시 넘기 힘든 산이있다. 나들 〈배틀 신화〉를 본 모양이었다. 문제의 패션쇼 장면 때문에 뺀질거리는 이미지가 강하게 박혀서, 나를 보는 시선이 곱지 않았다. 한 번은 세븐 형이랑 밥을 같이 먹는데, 형이 내게 물었다.

"너는 YG에 왜 들어왔어?"

"제대로 해보고 싶어서 들어왔는데요."

"그래?"

형의 못미더워 하는 표정을 보며 마음이 아팠다. 나중에야 오해가 풀렸지만 그때는 정말 아무 생각 없는 아이로 비춰졌을 게 뻔하다. 다 내가 잘못한 탓이지만, 나에게도 분명 장점이 있는데 몰라주는 사람들이 야속했다. '굳어져버린 편견 속에서 잘할 수 있을까? 이런 이미지를 깰 수 있을까?', 걱정이 커져갔다. '도대체 어떻게 하면 사람들이 나를 좋게 봐줄까?', 매일 밤 고민으로 잠을 설쳤다.

그러던 와중에 〈리얼다큐 빅뱅〉 촬영이 결정되고, 본격적인 오디션에 돌입했다. 그야말로 전쟁이었다. 치열한 경쟁 속에서 매일매일이 살 떨리는 서바이벌의 연속이었다.

더욱이 양 대표님의 채점표가 일주일에 한 번씩 연습실 거울에 대문짝만하게 붙었다. 못하면 그야말로 망신인데, 항상 내 점수가 가장 저조했다. 한 번은 100점 만점에 7점을 받은 적도 있었다. 이미지도 안 좋은 녀석이 점수까지 형편없으니, 도무지 좋게 봐주려야 좋게 봐줄 수가 없었을 것이다. 나조차도 내가 싫었으니까.

하지만 언제까지 그렇게 있을 수만은 없었다. 도무지 해결책이 보이지 않는 상황에서 속수무책으로 좌절만 하다가는 그대로 낙오자가 되기 십상이었다. 마음을 굳게 먹고, 우선 내가 나를 좋아해주기로 했다. 자신에게조차 사랑받지 못하는 사람이 어떻게 다른 사람에게 사랑받을 수 있겠는가? 내가 나를 아끼고 인정해줘야 다른 사람에게도 인정받을 수 있다는 생각이 들었다. 실력이 늘지 않아도, 실수를 해도 혼잣말로 다독였다.

'괜찮아, 승현아. 다시 하면 되지.'

얼굴에 철판을 깔고, 형들 앞에서도 큰소리를 쳤다.

"형, 제가 막내잖아요. 나이가 어리니까 그만큼 발전 가능성이 큰 거죠. 조금만 기다리세요. 깜짝 놀라게 해드릴게요."

나는 지금도 곧잘 "승리야, 나는 네가 참 좋다!"는 이야기를 혼잣말로 하곤 한다. 남들이 보기엔 우스워 보일지 모르지만 내겐 정말로 절실한 주문이다. 내게 있어 자신감은 열등감에서 벗어나기 위한 몸부림이자 마지막 무기인 것이다.

재능이 뛰어난 사람, 잘하는 사람이 자신감을 갖는 것은 당연한 일이다. 하지만 나처럼 모자라고 부족한 사람이 자신감을 갖기란 결코 쉽지 않다. 스스로가 열등하다고 느끼는 가운데서 자신감을 가지려면, 계속적인 암시와 세뇌가 필요했다.

무엇보다 그렇게 가진 자신감에 대해 책임을 지려면 결코 노력을 게을리 할 수 없었다. 자신감의 근거를 만들기 위해 새벽에도 연습실로 향했고, 언제 어디서든 쉬지 않고 노래를 불렀다. 나 혼자 아무리 자신 있게 큰소리를 쳐도, 결국 다른 사람에게 인정받지 못하면 의미 없는 일이라는 사실을 잘 알고 있었기 때문이다.

아무리 마음을 굳게 먹어도 가끔은 좌절의 순간이 찾아오기도 했다. 지용 형이 새로 작곡한 음악을 들려줄 때, 태양 형이 멋지게 춤추는 모습을 볼 때…. 마음이 약해질 때마다 내게 던졌던 질문은 하나였다.

'나라고 못하란 법 있어?'

그렇다. 다른 사람이 하는데, 나라고 못할 이유가 무엇이란 말인가. 재능이 부족하다는 말은 핑계일 뿐이다. 모자란 재능은 노력으로 채우면 된다. 노력을 해도 해도 안 된다면, 더 노력하면 된다. 뛰는 놈 위에 나는 놈이 있다는데, 기던 놈이 날지 못하란 법이 어디 있냐는 말이다. 재능을 타고나서 뛰는 사람이 있으면, 기어 다니던 사람은 노력이라는 날개를 달고 날면 된다. 그렇게 해서 결국 앞질러 가면 된다.

나는 탁월한 재능 따윈 타고나지 못했다. 스스로 강점이라고 생각하는 자신감도 열등감에서 벗어나기 위한 발악에 불과한지도 모른다. 가수로 활동하고 있는 지금도 여전히 부족한 부분이 많고 고쳐야 할 점이 태산이다. 그래도, 그런데도 포기하지 않는 나여서, 그럴수록 열심히 하는 나여서, 나는 내가 참 좋다.

나를 사랑한다면, 나에 대해 책임져라

2007년 말, 나는 두 차례에 걸쳐 큰 부상을 입었다. 시작은 골든디스크 시상식 리허설이었다. 춤을 추다가 실수로 발목을 다친 것이다. 병원에서는 무리하면 안 된다며 휴식을 권했지만, 스케줄 상 불가능한 일이었다. 특히 오랜 시간 준비해온 콘서트를 코앞에 둔 상황이었기에, 절대로 쉴 수 없었다. 형들이 걱정할까봐 몰래 진통제를 먹어가며 통증을 견뎠다.

각종 스케줄을 소화하며 콘서트 연습까지 병행하다 보니, 콘서트 당일에는 발이 퉁퉁 부어서 신발을 신지도 못할 지경이었다. 그래도 내색할 수는 없었다. 무대에서 절룩거리기라도 한다면 관객들은 그런 나를 보느라 노래에 집중할 수 없을 테니까.

그런데 설상가상으로 무대에 오르자마자 사고가 터졌다. 특수효과를 위해 터뜨린 화약이 얼굴에 정통으로 날아온 것이다. 다행히 화상은 입지 않았지만 충격의 강도가 심했다.

무대에서 내려오자 사람들이 몰려들었다. "괜찮냐?"는 질문도 잘 들리지 않았지만, 무조건 "할 수 있어요."라는 대답만 반복했다. 어떻게 준비한 콘서트인데, 이렇게 허무하게 물러날 수는 없었다. 무대에서 쓰러지는 한이 있더라도 오르고 싶었다. 하지만 몸이 마음을 따라주지 않았고, 결국 공연 중반쯤 대기실에서 정신을 잃었다.

다시 정신을 차렸을 때는 병원이었다. 부모님이 와 계셨고, 스태프 한 명이 자리를 지키고 있었다.

"어떻게 된 거예요?"

"너, 갑자기 정신을 잃었어."

"콘서트는요?"

"너 빼고 하고 있어. 오늘은 그냥 쉬어라."

부모님과 숙소로 돌아가는 길에 하염없이 눈물을 흘렸다. 내가 사랑하고 좋아하는 무대에 설 수 없다니, 수만 명 앞에서 공연할 날만을 손꼽아 기다렸는데 억울하고 분했다.

'몸 관리도 제대로 못하는 녀석이 뭘 하겠다고.'

나는 프로가 아니라는 자책에 빠졌다. 다른 어떤 이유도 아닌 바로 나 때문에, 공연에 참가하지 못했다는 사실에 눈물이 멈추지 않았다.

계속 울고만 있는데 형들이 돌아왔다. 아무 말도 할 수 없었다. 형들은 내 몸 상태만을 걱정할 뿐 아무런 내색도 하지 않았지만, 그런 모습을 보고 있자니 나 스스로에게 더욱 화가 났다. 그룹은 호흡이 생명이다. 춤, 노래를 각자의 파트별로 나눠서 연습했는데, 내가 빠지면서 그동안 준비한 게 모두 엉망이 된 거다. 당연히 형들도 화가 나고 속상할 텐데…, 너무도 미안했다.

그 일을 계기로 '나에 대해 책임을 진다'는 게 무엇인지 확실히 깨달았다. 자신을 좋아하고 응원한다면 오히려 스스로를 다그쳐야 한다. 자식을 바른 길로 이끌기 위해 부모님이 매를 드는 것과 같은 이치다. 자신에게 관대하기보다는 엄격할 때 실수나 실패를 줄일 수 있고, 그것이야말로 진정 자신을 사랑하는 일이다.

다른 사람들에게 인정받는 자신을 만드는 일이니까. 비단 능력이나 실력에만 해당되는 이야기는 아니다. 몸을 관리하는 일 역시 중요한 자기 관리다. 아무리 능력이 뛰어나도 그것을 행동에 옮길 체력이 받쳐주지 않으면 소용이 없다는 사실을 깊이 깨달았다.

나를 사랑하니까, 비난도 즐긴다

비판이나 비난을 듣는 일은 분명 기분 좋은 일은 아니다. 하지만 나는 기꺼이 비판과 비난을 받아들인다. 아니, 쌍수를 들고 열렬히 환영한다는 표현이 좀 더 정확하겠다. 비판과 비난이야말로 내가 미처 몰랐던 나의 단점을 알 수 있는 기회이니 말이다.

데뷔 초, 표정 관리를 못해서 곤욕을 치른 적이 있다. 형들과 토크쇼에 나갔을 때의 일이다. MC 분이 "야동을 자주 보는 멤버가 누구냐?"는 질문을 던졌는데 만장일치로 내가 꼽혔다. 너무 당혹스러웠다. 사실이 아닐뿐더러, 아무렇지 않게 웃으며 이야기하는 형들이 원망스럽기까지 했다. 화도 나고 속도 상해서 웃을 수가 없었다. 그래도 빨리 나쁜 기분을 떨쳐냈어야 하는데 그러질 못했다. 결국 방송이 끝날 때까지 굳은 표정으로 아무 말도 하지 못했다.

방송이 나가고 파장이 일파만파로 번졌다. 인터넷에 '승리 교육 좀 똑바로 시키라'는 항의가 빗발치자, 급기야 대표님이 호출을 하셨다.

"승리야, 네가 네 마음 하나 컨트롤 못하는데, 어떻게 사람들의 마음을 움직일 수 있겠냐? 가수는 노래로 사람들을 감동시키는 사람 아니야? 너처럼 해서는 결코 가수를 할 수 없어. 그럴 거면 관둬."

가슴이 철렁 내려앉았다. 이전까지는 '나도 사람인데, 기분이 안 좋을 수도 있지. 그걸 티낸 게 그렇게 잘못이야?' 하며 스스로를 위로하고 변명하는 데 급급했다. 물론 '인간 이승현'은 그럴 수 있다. 기분 나쁘면 화도 내고, 때로는 욕도 할 수 있다. 하지만 나는 가수이며 방송인이다. 사적인 자리가 아닌 TV에서 감정을 컨트롤 하지 못한 것은 변명의 여지가 없는 잘못이라는 사실을 모르다니, 나 자신이 한심해 죽을 지경이었다. 한편으론 대표님께 감사하기도 했다. 꾸지람을 들으면서는 서운하고 속상하기도 했지만, 혼나지 않았으면 스스로 잘못을 깨우칠 수 없었을 테니 말이다.

그 다음부터는 나에 대한 지적은 무조건 받아들인다. 모두 피가 되고 살이 되는 조언이라는 생각으로, 전적으로 수긍한다. 그리고 지적받은 실수를 다시는 되풀이하지 않으려고 최선을 다한다. 한 번 하면 '실수'지만, 두 번 세 번 반복되면 '실패'가 될 테니까.

'똑같은 실수를 두 번 하지 않는다.' 이것이 내가 데뷔 후 세운 원칙이다.

때로는 '나도 꽤나 독종'이라는 생각이 든다. 상처를 받으면 받을수록 더 강해지니 말이다. 비판이나 비난에 움츠러들기는커녕 오히려 자극을 받고 힘을 낼 때는 스스로 '자학하는 변태 같다'는 생각도 한다. 연예인이라면 대부분 꺼리는 악플(악성댓글)을 노래나 춤에 대한 비난부터 인신공격성 글까지 빠짐없이 읽는다. 한 글자 한 글자를 가슴에 새기며, '알

앉어. 앞으로는 사람들이 이런 생각을 아예 머릿속에서 떠올리지도 않게 만들겠어' 하고 이를 악문다.

나는 비난의 또 다른 이름은 칭찬이라고 생각한다. 실제로 그렇다. 비난받은 점을 보완하고 성장할 때, 비난은 칭찬으로 변모한다. 발전을 인정해주지 않을 사람은 없다. 그래서 나는 비난을 즐긴다. 칭찬으로 변할 그 날을 상상하며, 내게 발전과 성장의 기회가 주어짐에 감사하며, 기꺼이 비난을 받아들인다.

최고본능 승리 #3

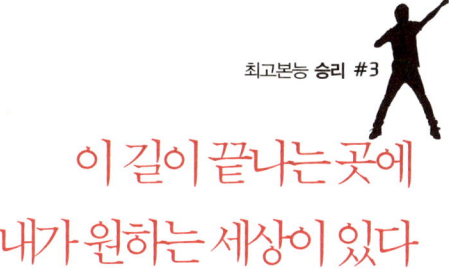

이 길이 끝나는 곳에
내가 원하는 세상이 있다

너 스스로를 움직일 수 있는 '꿈의 이유'를 만들어라

"괜찮아. 예전에도 오디션 떨어진 적 있잖아. 다시 또 해. 또 하면 돼. 아들, 될 때까지 해. 우리가 될 때까지 밀어줄게."

빅뱅의 최종 멤버를 뽑는 오디션에서 떨어지고 광주에 내려갔을 때, 부모님은 내게 용기를 불어넣는 데 여념이 없으셨다. 분명 나 이상으로 상심하고 실망하셨을 텐데, 그런 기미는 찾아볼 수 없었다. "그까짓 것 다시 하면 그만."이라며 가볍게 넘기시는 모습에, 나를 억누르던 실패와 좌절의 짐도 조금은 덜 수 있었다.

그날 어머니는 밤을 새우셨다. 다음 날 서울로 다시 올라갈 아들에게 먹일 음식을 장만하기 위해, 축 처진 어깨가 조금이라도 펴지길 바라는 마음으로, 캄캄하던 하늘이 하얗게 변할 때까지 주방에 서 계셨다.

이런 부모님이 계신데 어떻게 포기할 수 있으랴. 탈락과 동시에 흔적도 없이 사라졌던 의지를 억지로라도 불태워야 했다.

'그래, 이렇게 나를 믿고 지지해주는 부모님이 있는데 여기서 멈출 순 없어. 다시 해보자.'

모든 부모님들이 다 그러하시겠지만, 우리 부모님은 자식에 대한 믿음과 지지가 유별나신 분들이다. 어릴 때부터 내가 무엇을 하든 열성적으로 성원해주셨다. 공부는 뒷전이고 노래와 춤에만 푹 빠진 아들이 걱정도 되셨을 텐데, 단 한 번도 나무라신 적이 없었다.

"네가 좋아하는 일을 하면 돼. 대신 열심히만 해." 하며 격려를 아끼지 않는 부모님 덕분에 나는 하고 싶은 일을 마음껏 할 수 있었다.

YG 오디션에 합격하고 연습생 생활을 시작할 때도, 적극적으로 도와주셨다. 아직 중학교를 졸업하기 전이었는데, 앞장서서 학교에 양해를 구하고 결석에 대한 허락을 받아주신 것이다. 분명 아들이 학업을 제대로 마치지 않는 게 불안하셨을 텐데도 말이다.

한편으로는 부모님의 믿음이 부담스럽기도 했다. 내게 모든 것을 맡겨주셨는데 실망시켜드려서는 안 된다는 책임감에, 매사가 조심스러웠다. 설사 실수나 실패를 해도 너그럽게 이해해주시겠지만, 부모님의 믿음을 배반하는 일은 스스로 용납할 수 없었다.

학창시절, 잠시 안 좋은 친구들과 어울렸던 적이 있다. 댄스 팀 활동을 하기 전이다. 공부엔 영 소질이 없는데 딱히 하고 싶은 일은 없으니, 친구들과 놀면서 어영부영 시간을 보냈다. 방과 후면 무리를 지어 오락실과 만화방을 전전하고, 때로는 싸움을 벌이기도 했다. 하지만 그 시간이 오래가지 않았던 건 어디까지나 부모님 덕분이다.

어느 날 부모님의 얼굴에 깊이 드리워진 그늘을 보며, 내게 실망하고 계시다는 사실을 깨달았다. 순간, 정신이 번쩍 들었다. '부모님의 신뢰마저 잃으면 나를 믿어줄 사람은 누가 있을까?' 그날로 바로 마음을 잡았고, 마침 댄스 팀 형들을 만나면서 춤을 시작할 수 있었다.

어린 시절부터 나의 꿈은 하나였다. '부모님의 신뢰와 애정에 걸맞은 사람이 되자.' 그게 어떤 사람인지, 무얼 해야 부모님을 기쁘게 해드릴 수 있는지는 알지 못했지만 결심은 확고했다.

'무엇을 하든, 최고가 되리라. 부모님이 진정으로 자랑스러워할 수 있는 아들이 되리라.'

어릴 때부터 가슴속에 키워온 그 생각 하나가 지금껏 나를 이끈 원동력이다.

어려우면 뭐 어때, 창피하면 뭐 어때

　나의 아버지는 전형적인 자수성가형 인물이다. 2남 3녀 중에 막내로 태어나, 부모님의 보살핌을 거의 받지 못하며 자랐다. 그래서 어릴 때부터 자립심을 키울 수 있었고 스무 살이 되던 해에는 '혼자 힘으로 살아가겠다'는 결심으로 고향을 떠나 광주에 정착하셨다.
　당시엔 골프가 대중적으로 퍼지기 전이었는데, 우연한 기회에 골프를 접하셨다. 그리고 훈련을 시작한 지 2년 만에 프로 골퍼가 되셨다. 어머니를 만난 것도 골프장이었다. 어머니는 친척을 도와 골프장 카운터에서 근무하고 계셨다. 그리고 두 분이 결혼하고 1년 후, 내가 태어났다.

　어릴 때만 해도 우리 집은 부유한 편이었다. 아버지의 한달 수입이 웬만한 월급쟁이 두세 배에 달했고, 어머니도 직장에 다니셨기 때문이다. 덕분에 나는 부족함을 모르고 자랄 수 있었다. 내가 배우고 싶은 것은 무엇이든 배울 수 있었고, 가지고 싶은 것도 전부 가질 수 있었다. 집안엔 늘 웃음이 넘쳤고, 부모님 금슬은 더할 나위 없이 좋았다.
　하지만 내가 초등학교 6학년이 되던 해, 상황은 반전됐다. 아버지가 친구의 권유로 골프용품점을 차린 것이 화근이었다. 6년 넘게 알아온 친구를 믿고 동업을 시작했는데, 그 친구가 사업 자금을 챙겨 달아난 것이다. 부모님이 평생 동안 모아온 전 재산이 한 순간에 날아갔다.
　빚을 갚기 위해 집을 팔아야 했다. 빚쟁이들의 전화가 하루가 멀다 하고 걸려왔고, 친척마저 등을 돌린 상황이었다. 돈 앞에서는 아무리 가까운 사이도 냉정해진다는 사실을 어린 나이에도 뼈저리게 체감할 수 있었다. 전화벨이 울리면 온 식구의 얼굴이 사색이 되었다. 나와 동생이 눈치를 살피며 방으로 들어가면, 거실에선 어김없이 고함소리가 들렸다.

이사를 하던 날, 고약한 냄새가 풍기는 집을 보자마자 나는 울음을 터뜨렸다. 내 눈물이 부모님께 비수를 꽂으리라는 사실을 알기에는 너무 어린 나이였다. 그날부터 아버지는 몇날며칠 술만 드셨다. 한동안 아버지가 술에 취하지 않은 모습을 보지 못할 정도였다. 아침에 일어나면 거실에는 담배꽁초가 널려 있고, 술병이 뒹굴고 있었다. 말없이 거실을 치우는 어머니의 뒷모습을 볼 때마다 아버지가 미치도록 미웠다. 내겐 세상 그 누구보다 자랑스럽던 아버지는 온데간데없이 사라졌다.

그러나 그런 최악의 상황에서도 부모님의 나에 대한 지원은 변함이 없었다. 나는 여전히 좋은 옷을 입고, 좋은 학용품을 썼으며, 맛있는 도시락을 먹었다. "아들, 하고 싶은 건 다 해. 널 위해서는 무엇이든 해줄 수 있어. 아프지만 마. 그게 우리가 바라는 전부야."

당신들은 무너지더라도 아들만은 최고로 키우고 싶어, 밤새 울어 눈은 통통 부어 있는데 아들 앞에서는 웃으시던 부모님을 보며 나는 결심했다. 다시는 부모님 눈에서 눈물이 나지 않게 하겠다고. 이제 내가 부모님을 책임지겠다고. 비록 지금은 아무것도 할 수 없지만, 나중에는 내가 부모님을 행복하게 해드리겠다고 말이다.

"아빠 엄마, 제가 행복하게 해드릴게요"

누군가 내게 "존경하는 사람이 누구냐?"고 묻는다면, 나는 1초의 망설임도 없이 부모님을 꼽는다. 단지 나를 낳고 길러주신 분들이어서만은 아니다. 어려움을 딛고 일어선 그분들의 의지와 노력을 알기 때문이다. 고난과 역경 앞에서도 웃음을 잃지 않았던 그분들의 강인함을 알기 때문이다. 부모님은 내게 희망과 용기의 증거다.

실의에 빠져 아무 일도 하지 못하시던 아버지는 곧 심신을 추스르고, 다시 프로 골퍼로 일을 시작하셨다. 아버지의 좌절이 곧 가족의 좌절임을 깨달으셨을 것이다. 하지만 갚아야 할 빚은 너무 많이 남아 있었다. 아버지의 수입으로는 빚만 갚기에도 모자랐기에, 어머니도 생활 전선에 뛰어들어야 했다. 그래서 시작한 일이 야구장 앞에서 음료수를 파는 일이었다.

솔직히 창피했다. 예전에는 당당한 커리어우먼이었던 어머니가 이제는 노점상을 하신다니. 행여 친구들이 볼세라, 야구장 근처에는 절대 가지 않았다. 어머니껜 죄송했지만, 어린 마음에 놀림을 당하는 일이 무서웠다. 그래도 어머니 앞에서는 결코 내색하지 않았다.

"엄마, 오늘은 음료수 몇 개 팔았어?"

"몇 개 못 팔았어."

"많이 팔아야지. 어제 다섯 개 팔았으면, 오늘 여섯 개 팔고, 내일은 일곱 개. 사람이 계속 발전이 있어야 할 거 아냐."

어머니가 집에 돌아오면 일부러 농담을 건넸다. 피곤에 지친 어머니를 웃게 해드리고 싶었다. 내가 도와드릴 수 있는 일은 고작 그 정도였으니까.

생활은 점점 안정을 찾았지만, 부모님은 쉽게 상처를 회복하시지 못한 모양이었다. 새벽이면 간간이 부모님의 한숨 소리가 들려왔다. 한숨 소리를 들은 날이면 새벽까지 잠을 이루지 못했다. '어떻게 하면 부모님을 행복하게 해드릴 수 있을까?' 그것이 나의 최대 고민이었다. 그 누구보다 자신감이 넘쳤던 아버지, 언제나 밝게 웃으셨던 어머니. 그분들께 예전의 모습을 찾아드리고 싶었다.

사람들은 말한다. 큰 꿈을 가지라고, 구체적인 포부가 있어야 성공할 수 있다고. 그래서 어릴 때 아이들의 꿈은 대부분 대통령이나 과학자처럼 훌륭한 사람이 되는 것이다. 하지만 나의 꿈은 달랐다. 부모님만 행복하게 해드릴 수 있다면, 어떤 사람이 되든 상관없었다.

꿈의 크기나 무게는 중요하지 않다고 생각한다. 오히려 중요한 것은 '이유'가 아닐까? 왜 그런 꿈을 품었는지, 왜 그 꿈을 이루어야만 하는지, 그 이유에 따라 실현 가능성도 달라진다고 믿는다. 꿈의 이유가 절박하고 간절할수록, 더 열심히 노력하고 매달릴 테니 말이다.

내겐 절실한 이유가 있었기에, 힘들고 어려운 순간에도 결코 '포기'라는 단어는 떠올리지 않았다. 내 꿈은 나만의 꿈이 아니라 우리 부모님의 꿈이기도 했으니 말이다. 그만큼 책임감은 막중했고, 의무감은 클 수밖에 없었다.

데뷔를 하고 인기를 얻으면서 가장 기쁜 것은 부모님이 행복해 하신다는 사실이다. 아버지는 인터넷까지 배우며 모니터링에 열심이시다. 나에 대한 기사나 글이 올라오면 하나도 빠짐없이 읽고 내게 알려주신다. 언젠가 아버지가 이런 말을 하신 적이 있다.

"아들, 아들이 잘돼서 엄마 아빠도 엄청 자극받았다. 아들이 노력해서 성공했는데, 부모가 가만히 있을 수 있어? 우리끼리 더 열심히 해서 아들을 추월하기로 했어."

내 평생 가장 큰 칭찬이었다. 내 덕분에 자극을 받고 노력하게 되었다는 이야기를 듣다니. 그것도 부모님께 말이다. 그동안의 아픔과 상처가 씻은 듯이 사라지는 순간이기도 했다. 아직 갈 길이 멀지만, 최소한 어린 시절부터 품어온 꿈 하나는 이루었다는 생각이 들었다. 부모님이 나로 인해 행복해지셨으니 말이다.

그래서 나는 새로운 꿈을 품기로 했다. 꿈이 지닌 위력을 확인한 이상, 나를 이끌 또 다른 꿈을 찾아야 했다. 내게 있어 꿈은 갈 길을 알려주는 이정표이자 노력을 독려하는 힘이고, 내가 살아가는 이유다.

목표가 나를 더 강하게 키운다

"승리야, 너 안무 좀 짜라. 1월부터 활동해야 돼. 빅뱅 후속 활동은 승리 솔로야."

양 대표님의 이야기를 듣고서는, 놀라서 입이 다물어지지 않았다. 그도 그럴 것이 회식 자리에서 솔로 활동 계획을 발표하신 것이었다.

'대박이다!' 흥분이 좀처럼 식지 않아서, 음식이 코로 들어가는지 입으로 들어가는지도 알 수 없었다. 분명 내 귀로 똑똑히 들었는데도, 믿기지 않았다. 언젠간 기회가 올 거라 믿었지만, 이렇게 빨리 기회가 주어질 거라고는 상상도 못했다.

"축하해.", "잘해라.", "화이팅!"

함께 있던 멤버 형들의 진심어린 축하를 받자 그제야 실감이 났다. '내가 진짜 솔로 활동을 하는구나.'

지금도 빅뱅이란 이름으로 무대에 서고 있지만, 솔로 활동은 또 다르다. 무대의 주인공이 오직 나 혼자가 되는 것이다. 혼자서 무대를 이끌고 가는 만큼, 부담도 크지만 희열도 배가 될 수밖에 없다.

관객의 시선이 오로지 나에게만 집중될 때의 짜릿함은 말로 표현할 수 없을 정도다. 그런데 내게 이런 기회가 주어지다니! 망치로 머리를 맞은 듯, 멍한 기분으로 앉아 있는데 대표님의 목소리가 들렸다.

"알지? 기회는 한 번뿐이야. 이번에 못하면 다시는 기회가 없을 거야. 영배가 열심히 닦아놓은 솔로의 길을 망치지 마라."

정신이 번쩍 들었다. 좋아만 하기에는 내가 짊어질 짐이 너무 크다는 사실을 알았다. 만약 실패하면, 빅뱅의 이미지에도 타격을 입힐 가능성이 크다. 막중한 책임감이 주어졌다는 사실을 깨닫자, 갑자기 두려움이 밀려왔다. 그날부터 침대에만 누우면 환청처럼 대표님의 목소리가 들렸다.

'기회는 한 번뿐이야. 기회는 한 번뿐이야.'

요즘은 하루에도 몇 번씩 기분이 변한다. 내가 가진 모든 것을 보여줄 수 있는 기회라는 생각에 들떴다가, 설령 실패라도 하면 끝이라는 생각에 바로 의기소침해진다. 천국과 지옥을 왔다 갔다 하는 기분이다.

그래도 부담보다는 기대가 더 크다. 사실 그동안 칭찬에 목말라 있었다. 형들에 비해 여러모로 뒤처지기에, 칭찬과 환호는 내 몫이 아니라고 생각했다. 대표님에게 칭찬받은 일도 다섯 손가락 안에 꼽을 정도고, 팬들에게도 과분하다고 느낄 정도로 많은 사랑을 받고 있지만 가수로서의 실력은 인정받지 못하고 있다. 안정적인 수입, 명성… 내 나이와 능력에 비해 분에 넘치는 것들을 얻었지만, 여전히 목이 마른 이유는 그것이다. 빅뱅이 아닌 승리로는 인정받지 못하고 있다는 것.

뮤지컬, 영화, MC 등 다양한 분야에 계속적으로 도전한 이유도 그 때문이다. 나의 가능성과 자질을 시험해보고 싶었다. 내가 진짜 잘할 수 있는 일은 무엇인지, 어떤 분야에서 최고가 될 수 있는지 알고 싶었다. 해보기 전에는 모르는 일이니 도전하는 것이다.

특히 뮤지컬은 내가 계속 도전하고 싶은 분야다. 노래와 춤, 연기를 한 번에 모두 소화하는 무대이니, 매력적일 수밖에. 더욱이 성별과 나이를 불문하고 많은 사람들에게 감동을 줄 수 있다는 사실이 놀랍다. 나이가 드신 분들도 빅뱅을 좋아해주시긴 하지만, 〈소나기〉 공연을 보러온 관객 중에는 백발이 성성한 할아버지 할머님들도 계셨다. 그분들이 자리에서 일어나서 박수를 쳐주셨을 때의 기분은 말로 형용할 수 없을 정도다.

이렇게 여러 가지 일을 하면 힘들지 않느냐고 되물을지도 모른다. 물론, 힘들다. 하루에 한 시간도 제대로 자지 못한 적도 많다. 모든 스케줄이 끝나고 새벽 세 시 경이 되어서야 첫 끼를 먹은 적도 있다. 그런데 이상하게도 기분만은 날아갈 것 같다. 스스로도 의아할 정도다. 혹시 내가 변태인 걸까? 몸이 피곤할수록 흐뭇하니 말이다.

그건 아마도 통증이 노력의 증거라는 생각 때문일 것이다. 열심히 했으니까 지치고 아픈 거라는 생각을 하면, 스스로가 대견해지곤 한다. 더욱이 통증은 영원하지 않다. 처음 운동을 시작하면 쓰지 않던 근육에 무리가 가서 몸이 아프지만, 운동을 계속하면 몸이 단련돼서 더 이상 아픔을 느끼지 않듯이 말이다. 언젠가는 사라질 통증이라는 사실을 아니까, 아파도 웃으며 참을 수 있는 거다. 계속 도전할 수 있는 거다.

도전은 두렵지 않다. 실패도 무섭지 않다. 열심히 하면, 포기하지 않는다면, 반드시 이룰 수 있다는 사실을 지금껏 꾸준히 배워왔으니까. 내가 가는 길이 아무리 험난하고 거칠지라도 나는 안다. 이 길의 끝에는 내가 원하는 세상이 기다리고 있다는 걸.

STAFF가 본 승리

"승리야, 우리는 네가 스무 살이 되는 게 무섭다!"

우리는 승리에게 "네가 스무 살이 되는 게 무섭다."고 말하곤 한다. 욕심은 예전부터 많았는데 지금은 더 많아졌다. 기회가 많아졌다는 것을 아니까, 이것도 해보고 싶고 저것도 해보고 싶고, 아무튼 하고 싶은 게 너무 많은 것 같다. 물론 기회가 주어졌을 때는 절대 놓치지 않으려고 그만큼 노력도 많이 한다.

태양이 부정적인 평가를 자양분으로 삼는다면, 승리는 칭찬을 동력으로 삼는 스타일이다. 심지어 '악플'조차 자신에게 도움이 되는 것과 안 되는 것을 가려낸다. 가령 이런 식이다. "이건 그냥 그 사람들의 의견일 뿐이잖아요. 나를 잘 모르는 사람들의 편견."

대신 본인이 칭찬을 좋아하는 만큼 주위 사람들에게도 칭찬을 많이 하는 편이다. 자기도 정말 눈물이 날 정도로 힘들 텐데도 주위 사람들에게는 살가운 격려의 표현과 칭찬을 아끼지 않는다. 특히 열심히 일하고 고생하는 주변 스태프들에게 진심으로 고마워할 줄 안다.

'승리' 하면 빼놓을 수 없는 또 하나는 '모든 사람에게, 모든 일에 적극적'이라는 것이다. 어떤 일이든 "제가 할게요. 제가 하고 싶어요."라고 말하는데, 가끔은 자기가 나설 분위기가 아니라는 것을 파악한 후에도, '하고 싶어 죽겠다'는 표정으로 눈빛 레이저를 쏜다.

무엇이든 적극적이다 보니, 새로운 프로그램에 나가게 되면 생전 안 보던 프로그램이라도 꼼꼼히 모니터링 한다. 몰래몰래 미리미리 준비하는 치밀함을 보이기도 하는데, 그런 적극적인 모습에 주변 스태프들은 깜짝 놀라면서도 그 분위기에 동화되어 덩달아 열심히 일하게 된다. 그렇다 보니 승리와 관련된 일이라면, 애초에 계획했던 것보다 더 많은 관심과 노력을 기울이게 되어 모두들 체력 고갈과 업무 과부하에 시달리게 된다. 하지만 힘이 드는 만큼 성취감도 크다.

— 강선영, YG엔터테인먼트 기획팀

파이팅 하나는 세계 최고!

2007년에 콘서트 도중 승리가 병원에 실려 간 일이 있었다. 그 전에 골든디스크 시상식 리허설에서 발목 인대가 늘어났는데, 그 상태로 무리하게 콘서트를 강행하다가 통증을 참지 못하고 주저앉은 것이다. 게다가 얼굴에 화약을 맞는 부상까지 입어서, 결국엔 정신을 잃고 말았다. 대기실에서 펑펑 울면서도 승리는 "나 때문에 공연을 망쳤으면 어떻게 해요." 하며 걱정이 이만저만이 아니었다. 아픈 몸보다 콘서트 걱정에 눈물범벅이 되어 정말로 침통한 표정이었다. 콘서트가 끝나고 병원에 찾아온 양현석 대표님께도 자기는 괜찮으니까 내일 공연은 꼭 나가겠다는 둥 심각하게 걱정하는 표정이 역력했다.

그날 새벽에 승리에게서 전화가 왔다. 다리가 많이 아프다는 얘기인가 싶어서 걱정스레 전화를 받았는데, 엉뚱하게도 "사부님, 저 볶음밥 먹으면 안 되나요?" 하고 물어보는 것이었다. 이미 다친 건 다 잊어버린 거다. "다리는 괜찮니?" 하고 물어봤더니, "아, 다리요? 괜찮은 거 같은데요." 아픈 건 이미 해결되었고, 당장 배가 고프니까 나에게 전화를 건 것이다.

이게 승리 스타일이다. 파이팅 하나는 세계 최고다.

자신을 의기소침해지게 만드는 나쁜 기억이나 자신감을 꺾는 칙칙한 사건들은 최대한 빨리 잊는 것, 그리고 언제나 밝고 긍정적인 목소리로 자신에게 '파이팅'을 외치는 것이 승리의 최대 강점이다. 처음에는 팀에 적응하는 게 나름대로 많이 힘들었을 텐데, 현명하게 잘 극복할 수 있었던 것도 이런 대책 없는 긍정과 낙관, 자신감 덕분인 것 같다.

승리는 빨리 어른이 되고 싶단다. 형들에게 인정받고 싶은 것이다. 솔로 활동을 하면서 예전보다 훨씬 더 진지하게 노력하는 모습을 보인다.

— **황상찬**, 헬스 트레이너

에필로그를 대신하여

가지 않은 길

— 로버트 프로스트

노란색 숲 속으로 향하는 두 갈래의 길
아쉽게도 내가 갈 수 있는 길은 하나
여행자의 마음으로 한참을 서서
관목들 사이로 구부러진 그 길을
물끄러미 바라본다

그리고 선택한 것은 다른 길, 모두 아름답고
수풀 무성하지만 사람들의 흔적 덜한 길
그 길이 나의 마음을 끌었을까?
두 길 모두 지나간 이들의 흔적으로
비슷하게 닳아 있었지만

아무도 밟지 않은 낙엽들
그 아침 두 길 모두에 깔려 있다
아, 저 길은 나중에 걸어보리라
인생이라는 길은 또 다른 길로 이어져
되돌아올 수 없음을 알면서도

먼 훗날 저 길 어딘가에서
한숨을 쉬며 말할지도 모른다
그 숲에는 두 갈래의 길이 있었고, 나는
사람들이 가지 않은 길을 선택했다고
그리고 나의 인생은 달라졌다고

The Road Not Taken

– Robert Frost (1874~1963)

Two roads diverged in a yellow wood,
And sorry I could not travel both
And be one traveller, long I stood
And looked down one as far as I could
To where it bent in the undergrowth;

Then took the other, as just as fair,
And having perhaps the better claim,
Because it was grassy and wanted wear;
Though as for that the passing there
Had worn them really about the same,

And both that morning equally lay
In leaves no step had trodden black.
Oh, I kept the first for another day!
Yet knowing how way leads on to way,
I doubted if I should ever come back.

I shall be telling this with a sigh
Somewhere ages and ages hence:
Two roads diverged in a wood, and I –
I took the one less travelled by,
And that has made all the difference.

인 생

-샤를로트 브론테

인생은 흔히 점잖은 사람들이 말하듯
어두운, 몽상이 아니다
아침에 흩뿌린 비는
활짝 개인 하루를 열어주고
아무리 짙은 구름 떼도
시간이 흐르면 사라지게 마련
비가 오고 나면 장미가 필 텐데
왜 비가 내린다고 우울해하나?
빠르고도 유쾌하게
생의 햇빛은 지나간다
그러니 달아나는 그 시간을 즐길 것
고마운 마음으로 명랑하게

죽음이라는 시간이 찾아들어
내 좋은 벗을 데려갈 때
짐짓 슬픔이 이긴 듯
희망이 짓눌린 듯 보인다고?
희망은 쓰러져도 정복당하진 않아
다시 낭창낭창 살아날 뿐
그 금빛 날개를 힘차게 펴고
당당하게 두려움 없이
시련의 나날을 견딜 뿐
영광스럽게도, 벅차게도
마침내 용기는 절망을 이겨낸다!

Life

— Charlotte Bronte (1816~1855)

Life, believe, is not a dream,
So dark as sages say;
Oft a little morning rain
Foretells a pleasant day:
Sometimes there are clouds of gloom,
But these are transient all;
If the shower will make the roses bloom,
Oh, why lament its fall?
Rapidly, merrily,
Life's sunny hours flit by,
Gratefully, cheerily,
Enjoy them as they fly.

What though death at times steps in,
And calls our Best away?
What though Sorrow seems to win,
O'er hope a heavy sway?
Yet Hope again elastic springs,
Unconquered, though she fell,
Still buoyant are her golden wings,
Still strong to bear us well.
Manfully, fearlessly,
The day of trial bear,
For gloriously, victoriously,
Can courage quell despair!

올곧은 인생의 사나이

-토머스 캠피온

올곧은 인생의 사나이
허영에 사로잡힌 생각이나
모든 부정직한 것들로부터
자유로운 흠 없는 심장

고요한 일상의 사나이
거짓 희망에 들뜨거나
고통을 원망하지 않는
천진한 기쁨을 맛보는 나날

...

오직 고귀한 관심과
깊이를 알 수 없는 명예만이
그의 두려움 없는 눈에
담겨 있을 뿐

그리하여, 운명이나 행운이 안겨주는
모든 걱정거리를 비웃으며
자신만의 천상의 책
그 지혜를 써내려가는 이

좋은 생각은 그의 친구요
헛되이 보내지 않은 세월은 그의 자산
세상은 그 영혼의 순례자가 묵는
맑은 쉼터일 뿐

The Man of Life Upright

– Thomas Campion(1567~1620)

The man of life upright,
whose guiltless heart is free
From all dishonest deeds,
Or thought of vanity;

The man whose silent days
In harmless joys are spent,
Whom hopes cannot delude,
Nor sorrow discontent;

...

He only can behold
With unfrightened eyes
The horrors of the deep
And terrors of the skies.

Thus, scorning all the cares
That fate or fortune brings,
He makes the heaven his book,
His wisdom heavenly things;

Good thoughts his only friends,
His wealth a well-spent age,
The earth his sober inn
And quiet pilgrimage.

지은이
빅뱅 BIGBANG

우주대폭발을 의미하는 '빅뱅'. 가요계에서의 대폭발을 염원하는 뜻으로 그룹 이름을 지었다. 팀의 맏형이자 매력적인 래퍼 T.O.P(최승현), 싱어송라이터이자 팀의 리더인 G-Dragon(권지용), 조용한 카리스마라 불리는 파워 보컬 태양(동영배), 눈웃음이 매력적인 만능 엔터테이너 대성(강대성), 팀의 막내이자 팔방미인인 승리(이승현), 총 다섯 명으로 구성된 젊은 그룹이다.

빅뱅은 이미 서바이벌 방식의 탄생 비화를 담은 총 11편의 〈리얼다큐 빅뱅〉을 통해, 남다른 결성 스토리로 많은 사람들에게 감동을 선사한 바 있다. 데뷔와 함께 대중의 주목을 받았기에 화려하고 평탄한 길을 걸어왔을 것으로 짐작되기 쉽지만, 지금까지 빅뱅 멤버들은 숱한 고난과 시련, 역경과 좌절에 부딪쳐야 했다. 열세 살에 '가수'의 길에 '인생'을 건 G-Dragon과 태양, 아버지의 반대로 어려움을 겪은 대성, 스스로의 신념과 가수가 되기 위해 갖추어야 할 조건 사이에서 고민한 T.O.P, 오디션 탈락이라는 실패의 쓴산에 아파했던 승리….

이들이 빛나는 이유는 인기 있는 아이돌 그룹이어서가 아니다. 퇴로조차 없는 하나의 선택지에 자신을 던지고, 목이 터지고 몸이 부서질 때까지 경쟁하고, 작아지고 초라해진 자신을 추스르며, 마침내 자신과의 승부에서 우뚝 선 '청춘'이고 '젊음'이기 때문이다.

부제 '꿈으로의 질주, 빅뱅 13,140일의 도전'이 의미하는 바는 다섯 멤버들이 각자 처음 음악의 열정을 불사르기 시작한 날로부터 데뷔까지의 날짜를 모두 더한 것이다.

| 당신의 꿈에 멋진 날개를 달아줄 쌤앤파커스의 좋은 책들 |

아프니까 청춘이다 | 김난도 지음 | 값 14,000원

서울대학교 학생들이 최고의 강의, 최고의 멘토로 뽑은 김난도 교수의 인생 강의실! 수많은 청춘의 마음을 울린 저자는 이 책에서 불안하고 아픈 20대에게 따뜻한 위로의 글, 따끔한 죽비 같은 글을 전한다. 스스로를 돌아보고, 추스르고, 다시 시작하게 하는 멘토링 에세이집. (추천 : 인생 앞에 홀로서기를 시작하는 청춘을 응원하는 책)

공부는 내 인생에 대한 예의다 | 이형진 지음 | 값 13,000원

공부는 '방법'의 문제가 아니라 '마음'의 문제다! '전미(全美) 최고의 고교생' 선정, 최연소 '자랑스런 한국인' 선정, 예일대생 이형진 군의 공부철학을 담은 에세이로, 저자의 공부에 대한 진지한 고민을 바탕으로 설득력 있는 공부철학을 풀어낸다. 공부하는 '방법'이 아닌 공부하는 '이유'에 대해 접근하는 새로운 스타일의 공부 에세이.

오리진이 되라 | 강신장 지음 | 값 14,000원

더 나은 것이 아니라, 세상에 없는 것을 만들어라! 창조의 '오리진'이 되어 운명을 바꿔라! CEO들을 창조의 바다로 안내한 SERI CEO, 그 중심에 있던 강신장이 말하는 세상에서 가장 맛있는 창조 이야기. 이제 세상을 다르게 보는 길이 열린다! (추천 : 읽기만 해도 창조의 영감이 솟아오르는 텍스트를 기다려온 모든 이들을 위한 책)

청소년을 위한 이기는 습관 | 전옥표 지음 | 값 11,000원

자녀들의 미래 앞에 놓아주어야 할 진정한 인생의 바이블! 대한민국을 '이기는 습관' 신드롬에 빠지게 한 《이기는 습관》의 청소년 편! 청소년기에 쌓아두지 않으면 절대 얻을 수 없는 28가지 인생의 '이기는 습관', 치열함과 집요함, 기본도리, 열정과 목표의식, 승부근성에 대해 특유의 직설화법으로 명쾌하게 풀어냈다.

천만 개의 세포가 짜릿짜릿! | 김태은 지음 | 값 13,000원

'재용이의 순결한 19', '2PM의 와일드 바니' 등을 연출한 대한민국 방송계 최고의 문제적 PD 김태은의 인생탐미론. 근거 없는 자신감과 주체 못하는 호기심으로 벌여놓은 그녀의 좌충우돌 '삽질과 뻘짓의 연대기'를 통해 유쾌한 즐거움과 가슴 뭉클한 감동을 느낄 수 있다. (추천 : 청춘을 앓고 있는 젊은이들에게 짜릿한 '인생도발'과 뜨끔한 자극을 전하는 책)